U0505947

文

景

Horizon

社 科 新 知　文 艺 新 潮

沉 默 的 经 典

直到世界反映了
灵魂最深层的需要

露易丝·格丽克诗集

[美] 露易丝·格丽克 著 柳向阳 范静哗 译

上海人民出版社

目录

村居生活

附录：露易丝·格丽克早期诗选

头生子

下降的形象

阿基里斯的胜利

代译序：露易丝·格丽克的疼痛之诗

最初读到格丽克，是震惊！仅仅两行，已经让我震惊——震惊于她的疼痛：

> 我要告诉你件事情：每天
> 人都在死亡。而这只是个开头。

露易丝·格丽克的诗像锥子扎人。扎在心上。她的诗作大多是关于死、生、爱、性，而死亡居于核心。经常像是宣言或论断，不容置疑。在第一本诗集中，她即宣告："出生，而非死亡，才是难以承受的损失。"（《棉口蛇之国》）

从第一本诗集开始，死亡反复出现，到1990年第五本诗集《阿勒山》，则几乎是一本死亡之书。第六本诗集《野鸢尾》转向抽象和存在意义上的有死性问题。此后的诗集，死亡相对减少，但仍然不绝如缕。与死亡相伴的，是对死亡的恐惧。当人们战胜死亡、远离了死亡的现实威胁，就真能摆脱对死亡的恐惧、获得安全和幸福吗？格丽克的诗歌给了否定的回答。在《对死亡的恐惧》（诗集《新生》）一诗里，诗人写幼年时的一个噩梦，"当那个梦结束／恐惧依旧。"在《爱之诗》里，妈妈虽然一次次结婚，但一直含辛茹苦地把儿子带在身边，给儿子"织出各种色调的红围巾"，希望儿子有一个温暖、幸福的童年。但结果呢？诗中不露面的"我"对那个已经长大的儿子说："并不奇怪你是现在这个样子，／害怕血，你的女人们／像一面又一面砖墙。"或许只有深谙心理分析的诗人才会写出这样的诗作。

《黑暗中的格莱特》是又一个例子。在这首类似格莱特独白的诗作中，格丽克对格林童话《汉赛尔与格莱特》皆大欢喜的结局深表怀疑：虽然他们过上了渴望的生活，但所有的威胁仍不绝如缕，可怜的格莱特始终无法摆脱被抛弃的感觉和精神上的恐惧——心理创伤。甚至她的哥哥也无法理解她、安慰她。而这则童话中一次次对饥饿的指涉，也让我们想到格丽克青春时期为之深受折磨的厌食症。

终于，在《花园》这个组诗里，她给出了"对出生的恐惧"、"对爱的恐惧"、"对埋葬的恐惧"，俨然是一而三、三而一。由此而言，逃避出生、逃避爱情也就变得自然而然了。如《圣母怜子像》一诗中，格丽克对这一传统题材进行了改写，猜测基督："他想待在 / 她的身体里，远离 / 这个世界 / 和它的哭声，它的 / 喧嚣。"又如《写给妈妈》："当我们一起 / 在一个身体里，还好些。"

格丽克诗中少有幸福的爱情，更多时候是对爱与性的犹疑、排斥，如《夏天》："但我们还是有些迷失，你不觉得吗？"她在《伊萨卡》中写道："心爱的人 / 不需要活着。心爱的人 / 活在头脑里。"而关于爱情的早期宣言之作《美术馆》写爱的显现，带来的却是爱的泯灭："她再不可能纯洁地触摸他的胳膊。/ 他们必须放弃这些……"格丽克在一次访谈中谈到了这首诗："强烈的身体需要否定了他们全部的历史，使他们变成了普通人，使他们沦入窠臼……在我看来，这首诗写的是他们面对那种强迫性需要而无能为力，那种需要嘲弄了他们整个的过去。"这首诗强调的是"我们如何被奴役"。[1] 这种理解或许有些旁枝逸出，但在

[1] Ann Douglas. "Descending Figure: An Interview with Louise Glück", *Columbia Magazine* (1980), 122.

格丽克诗歌中远非个案，显示格丽克似乎是天赋异禀。

一直到《阿基里斯的胜利》一诗，格丽克给出了爱与死的关系式。这首诗写阿基里斯陷于悲痛之中，而神祇们明白："他已经是个死人，牺牲 / 因为会爱的那部分，/ 会死的那部分"，换句话说，有爱才有死。在《对死亡的恐惧》（诗集《新生》）中再次将爱与死进行等换："每个恐惧爱的人都恐惧死亡。"这其实是格丽克关于爱与死的表达式："爱 => 死"，它与《圣经·创世记》所表达的"获得知识 => 遭遇有死性"、扎米亚金所说的"π=f（c），即爱情是死亡的函数"有异曲同工之妙。

按《哥伦比亚美国诗歌史》里的说法，"从《下降的形象》（1980）组诗开始，格丽克开始将自传性材料写入她凄凉的口语抒情诗里"[1]。这里所谓的自传性材料，大多是她经历的家庭生活，如童年生活，姐妹关系，与父母的关系，亲戚关系，失去亲人的悲痛。她曾在《自传》一诗（《七个时期》）中写道："我有一套爱的哲学，宗教的 / 哲学，都是基于 / 早年在家里的经验。"后期诗歌中则有所扩展，包括青春、性爱、婚恋、友谊……逐渐变得抽象，作为碎片，作为元素，

[1] Gregory Orr. "The Postconfessional Lyric", *The Columbia History of American Poetry*. Ed. Jay Parini, 663.

4

作为体验，在诗作中存在。这一特点在诗集《新生》《七个时期》《阿弗尔诺》中非常明显。更多时候，自传性内容与她的生、死、爱、性主题结合在一起，诗集《阿勒山》堪称典型。同时，抒情性也明显增强，有些诗作趋于纯粹、开阔，甚至有些玄学的意味。罗伯特·海斯（Robert Hass）曾称誉格丽克是"当今写作者中，最纯粹、最有成就的抒情诗人之一"[1]，可谓名至实归。

因此，格丽克诗歌的一个重要特点就在于她将个人体验转化为诗歌艺术，换句话说，她的诗歌极具私人性，却又备受公众喜爱。但另一方面，这种私人性绝非传记，这也是格丽克反复强调的。她曾说："把我的诗作当成自传来读，我为此受到无尽的烦扰。我利用我的生活给予我的素材，但让我感兴趣的并不是它们发生在我身上，让我感兴趣的，是它们似乎是……范式。"[2]

实际上，她也一直有意地抹去诗歌作品以外的东西，抹去现实生活中的作者对读者阅读作品时可能的

[1] A. Neubauer (ed). *Poetry in Person: Twenty-five Years of Conversation with American Poets*. 49.

[2] Louise Glück. Interview by Grace Cavalieri. *Beltway Poetry Quarterly*. 7.4. (Winter 2006). 10 November 2006. <http://washingtonart.com/beltway/Glückinterview.html>

影响，而且愈来愈决绝。比如，除了1995年早期四本诗集合订出版时她写过一页简短的"作者说明"外，她的诗集都是只有诗作，没有前言、后记之类的文字——就是这个简短的"作者说明"，在我们准备中文版过程中，她也特意提出不要收入。译者曾希望她为中文读者写几句话，也被谢绝了；她说她对这本书的唯一贡献，就是她的诗作。此外，让她的照片、签名出现在这本诗选里，也不是一件容易的事。

格丽克出生于一个敬慕智力成就的家庭。她在随笔《诗人之教育》[1]一文中讲到家庭情况及早年经历。她的祖父是匈牙利犹太人，移民到美国后开杂货铺谋生，但几个女儿都读了大学；唯一的儿子，也就是格丽克的父亲，拒绝上学，想当作家。但后来放弃了写作的梦想，投身商业，相当成功。在她的记忆里，父亲轻松、机智，最拿手的是贞德的故事，"但最后的火刑部分省略了"。少女贞德的英雄形象显然激起了一个女孩的伟大梦想，贞德不幸牺牲的经历也在她幼小心灵里投下了死亡的阴影。她早年有一首《贞德》（《沼泽地上的房屋》）；后来还有一首《圣女贞德》（《七个

---

[1] Louise Glück. *Proofs and Theories: Essays on Poetry*. Hopewell: The Ecco Press, 1994.

时期》），其中写道："我相信我将要死去。我将要死去 / 在十岁，死于儿麻。我看见了我的死亡：/ 这是一个幻象，一个顿悟——/ 这是贞德经历过的，为了挽救法兰西。"格丽克在《诗人之教育》中回忆说："我们姐妹被抚养长大，如果不是为了拯救法国，就是为了重新组织、实现和渴望取得令人荣耀的成就。"

格丽克的母亲尤其尊重创造性天赋，对两个女儿悉心教育，对她们的每一种天赋都加以鼓励，及时赞扬她的写作。格丽克很早就展露了诗歌天赋，并且对诗歌创作野心勃勃。在《诗人之教育》中抄录了一首诗，"大概是五六岁的时候写的"。十几岁的时候，她比较了自己喜欢的画画和写作，最终放弃了画画，而选择了文学创作，并且野心勃勃。她说："从十多岁开始，我就希望成为一个诗人。"格丽克提到她还不到三岁，就已经熟悉希腊神话。纵观格丽克的十一本诗集，她一次次回到希腊神话，隐身于这些神话人物的面具后面，唱着冷冷的歌。

"到青春期中段，我发展出一种症状，完美地亲合于我灵魂的需求。"格丽克多年后她回忆起她的厌食症。她一开始自认为是一种自己能完美地控制、结束的行动，但结果却成了一种自我摧残。十六岁的时候，她认识到自己正走向死亡，于是在高中临近毕业时开始看心理分析师，几个月后离开了学校。以后七年里，心理分析就成了她花时间、花心思做的事情。

格丽克说："心理分析教会我思考。教会我用我的思想倾向去反对我的想法中清晰表达出来的部分，教我使用怀疑去检查我自己的话，发现躲避和删除。它给我一项智力任务，能够将瘫痪——这是自我怀疑的极端形式——转化为洞察力。"而这种能力，在格丽克看来，于诗歌创作大有益处："我相信，我同样是在学习怎样写诗：不是要在写作中有一个自我被投射到意象中去，不是简单地允许意象的生产——不受心灵妨碍的生产，而是要用心灵探索这些意象的共鸣，将浅层的东西与深层分隔开来，选择深层的东西。"（《诗人之教育》）对格丽克来说，心理分析同时促进了她的诗歌写作，二者一起，帮助她最终战胜了心理障碍。

十八岁，格丽克在哥伦比亚大学利奥尼·亚当斯（Leonie Adams）的诗歌班注册学习，后来又跟随老一辈诗人斯坦利·库尼兹（Stanley Kunitz）学习。库尼兹与罗伯特·潘·沃伦同年出生，曾任 2000—2001 年美国桂冠诗人。按格丽克的说法，"跟随斯坦利·库尼兹学习的许多年"对她产生了长久的影响；她的处女诗集《头生子》即题献给库尼兹。

1968 年，《头生子》出版，有评论认为此时的格丽克"是罗伯特·洛威尔和希尔维亚·普拉斯的一个充满焦虑的模仿者"。[1] 但我看到更明显的是 T.S. 艾略特和叶芝的影子。如开卷第一首《芝加哥列车》写一次死气沉沉的旅程,不免过于浓彩重墨了。第二首《鸡蛋》(III) 开篇写道:"总是在夜里,我感觉到大海 / 刺痛我的生命",让我们猜测是对叶芝《茵纳斯弗利岛》的摹仿,或者说反写:作为理想生活的海"刺痛"了她的生活。她后来谈到《头生子》的不成熟和意气过重,颇有悔其少作的意味,说她此后花了六年时间写了第二本诗集:"从那时起,我才愿意签下自己的名字。"[2]

格丽克虽然出生于犹太家庭,但认同的是英语传统。她阅读的是莎士比亚、布莱克、叶芝、济慈、艾略特……以叶芝的影响为例,除了上面提到的《鸡蛋》(III) 之外,第二本诗集有一首《学童》(本书中译为《上学的孩子们》),让人想到叶芝的名诗《在学童中间》;第三本诗集中那首《圣母怜子像》中写道:"远离 / 这个世界 / 和它的哭声,它的 / 喧嚣",而叶芝那首《偷走的孩子》则反复回荡着"这个世界哭声太

[1] Stephen Burt. "Why Louise Gluck's intensely private poetry is just what the public needs", *The Boston Globe*, 9/21/2003.

[2] Louise Glück. Interview by Grace Cavalieri.

多了，你不懂"。相同的是对这个世界的拒绝，不同的是叶芝诗中的孩子随精灵走向荒野和河流，走向仙境，而在格丽克诗中，"他想待在 / 她的身体里"，不想出生——正好呼应了她的那个名句："出生，而非死亡，才是难以承受的损失。"

希腊罗马神话、《圣经》、历史故事等构成了格丽克诗歌创作的一个基本面。如作为标题的"阿勒山"、"花葱"（雅各的梯子）、"亚比煞"、"哀歌"等均出自《圣经》。《圣母怜子像》《一则寓言》（大卫王）、《冬日早晨》（耶稣基督）、《哀歌》《一则故事》等诗作取材于《圣经》。在《传奇》一诗中，诗人以在埃及的约瑟来比喻她移民到美国的祖父。最重要的是，圣经题材还成就了她最为奇特、传阅最广的诗集《野鸢尾》（1992）。这部诗集可以看作是以《圣经·创世记》为基础的组诗，主要是一个园丁与神的对话（请求、质疑、答复、指令），关注的是挫折、幻灭、希望、责任。

在此我们应该有个基本的理解：格丽克是一位现代诗人，她借用《圣经》里的相关素材，而非演绎、传达《圣经》。实际上，《野鸢尾》出版后，格丽克曾收到宗教界人士的信件，请她少写关于神的文字。她在诗歌创作中对希腊神话的偏爱和借重，也与此类似。"读诗的艺术的初阶是掌握具体诗篇中从简单到极复杂的用典。"[1] 了解相关的西方文化背景和典故，构成了阅读格丽克诗歌的一个门槛。如诗集《新生》中《燃烧的心》一诗，开头引用但丁《神曲·地狱篇》第五章弗兰齐斯嘉的话，如果熟悉这个背景，那么整个问答就非常有意思了。接下来的一首《罗马研究》，如果不熟悉相应的典故，读起来也是莫名其妙。

希腊罗马神话对格丽克诗歌的重要性无以复加，这在当代诗歌中独树一帜，如早期四本诗集中的阿波罗和达佛涅（《神话片断》）、西西弗斯（《高山》）等。而具有重要意义的，则集中于诗集《阿基里斯的胜利》《草场》《新生》《阿弗尔诺》。如《草场》集中于如奥德修斯、珀涅罗珀、喀尔刻、塞壬等希腊神话中的孤男怨女，写男人的负心、不想回家，写女人的怨恨、百无聊赖……这些诗作经常加入现代社会元素，或是将人物变形为现代社会的普通男女，如塞壬"原来我是个女招待"，从而将神话世界与现代社会融合在一起。《新生》的神话部分主要写埃涅阿斯与狄多、俄耳甫斯与欧律狄克两对恋人的爱与死，《阿弗尔诺》则围绕冥后珀尔塞福涅的神话展开。

写到这里，建议读者有机会温习下《伊利亚特》

[1] 布鲁姆："读诗的艺术"，《读诗的艺术》，王敖译。南京大学出版社，2010。

《奥德赛》《埃涅阿斯纪》《神曲》，以及《希腊罗马神话》和《圣经》。当然不用说这些著作本身就引人入胜，拿起来就舍不得放下，这里只说熟悉了相关细节，读格丽克的诗作会更加兴味盎然，甚至有意想不到的发现。比如我发现海子的《十四行：王冠》前两节是"改写"自阿波罗对达佛涅的倾诉（允诺），而有些论者的解读未免不着边际。当然，于我而言，更多的是考量翻译的准确性。如那首《阿基里斯的胜利》，周瓒兄译为《阿喀琉斯的凯旋》，中文维基百科的"阿喀琉斯"条目引用弗朗茨·马什描绘阿基里斯杀死赫克托耳后用战车拖着他的尸体（对应《伊利亚特》第22卷）的画作，也译《阿喀琉斯的凯旋》。但恐怕，"凯旋"一词说不上恰当，毕竟，阿基里斯是"凯"而不"旋"的，他的胜利就是他的死亡。

从《阿勒山》开始，格丽克开始把每一本诗集作为一个整体、一首大组诗（book-length sequence）来看待。这个问题对格丽克来说，是一本诗集的生死大事。她曾谈到诗集《草场》，她最初写完了觉得应该写的诗作后，一直觉得缺了什么："不是说你的二十首诗成了十首诗，而是一首都没有！"后来经一位朋友提醒，才发现缺少了忒勒马科斯。格丽克说："我喜欢忒勒马科斯。我爱这个小男孩。他救活了我的书。"[1]一本诗集怎样组织、包括哪些诗作、每首诗的位置……格丽克都精心织就。再以《阿弗尔诺》为例,尼古拉斯·克里斯托夫在书评中说:"诗集中的 18 首诗丰富而和谐:以相互关联的复杂形象、一再出现的角色、重叠的主题,形成了一个统一的集合,其中每一部分都不失于为整体而言说。"[2]有兴趣的读者不妨细加琢磨,并扩展到另外几本诗集。如此,或能得窥格丽克创作的一大奥秘。

格丽克写作五十年,诗集十一册;有论者说:"格丽克的每部作品都是对新手法的探索,因此难以对其全部作品加以概括。"[3]总体而言,格丽克在诗歌创作上剑走偏锋,抒情的面具和倾向的底板经常更换,同时又富于激情,其诗歌黯淡的外表掩映着一个沉沦世界的诗性之美。语言表达上直接而严肃,少加雕饰,经常用一种神谕的口吻,有时刻薄辛辣,吸人眼球;诗作大多简短易读,但不时有些较长的组诗。近年来语言表达上逐渐向口语转化,有铅华洗尽、水落石出

[1] Louise Glück. Interview by Grace Cavalieri.

[2] Nicholas Christopher. "Art of Darkness", *The New York Times*, 3/12/2006.

[3] 凯瑟琳·文斯潘克仁:《美国文学纲要》,"IIP 美国参考"网站。

之感，虽然主题上变化不大，但经常流露出关于世界的玄学思考。统观其近五十年来的创作，格丽克始终锐锋如初，其艺术手法及取材一直处于变化之中，而又聚焦于生、死、爱、性、存在等既具体又抽象的方面，保证了其诗作接近伟大诗歌的可能。2012年11月，她的六百多页的《诗1962—2012》出版。但另一方面，格丽克似乎仍处于创作力的高峰，让我们期待着惊喜。

笔者从2006年初开始阅读、翻译格丽克诗歌，转眼就到第十年了。其间大部分自由时间放在了格丽克诗歌上。最初的八卦欲望，关于她的生平，关于她的评论，关于她两任丈夫的情况……需要的资料都查到，八卦欲望满足之后，翻译的压力并不稍减。一名之立，旬月踟蹰。我记得那首《卡斯提尔》，当初读到时，喜欢得无以复加。背。译。"另一首《卡斯提尔》，写春天、爱情、梦想……飘荡着橙子花香，让人沉醉！最初读到时，我奇怪一贯刻薄写诗的格丽克居然也写这样美丽的诗！"我曾这样提到这首诗。我译得很快，但推敲、修改却耗了一个多月，还是心里不踏实。后来在一次朗诵会上听一位朋友朗诵了这首诗，效果之好，让我惊喜。之后还有多次修改，包括得一忘二兄提醒的两处，包括后来的几次修订。说到这首诗，不妨多说一句：后来给纸刊选编格丽克诗作时，我会有意识地加上这首诗，但这首诗至今（2014 年 12 月）居然一次没有刊发过。

早在 2007 年，译者即同格丽克联系，希望出版她的诗选中文版，但她不愿意出版"诗选"，而是希望《阿弗尔诺》《七个时期》等诗集一本一本完整地翻译出版——那时她的第十一本诗集还没有出版。即使在美国国内，格丽克几十年来也从未出版过一本诗选！2012 年面世的《诗 1962—2012》没有用"诗全集"这个名称，也是已出版的十一本诗集的合订本。她终于避免了被"诗选"的命运！现在摆在读者面前的，涵盖了她的十一本诗集，其中前五本诗集是选译，后六本诗集是全译。译者根据单行本翻译，后期则根据诗全集校对。几乎全部译诗，都经版权代理转给她过目；她在耶鲁有一位中国学生帮助她。实际上，就连"诗人简介"也是她提供的。译者遇有不确定之处，则向她请教，后来又将她的部分回复译出，作为译注，并标明"作者解释"。

译者在阅读翻译过程中参考了丹尼尔·莫里斯（Daniel Morris）的著作《露易丝·格丽克诗歌：主题研究》（*The Poetry of Louise Glück: A Thematic Introduction*），和琼尼·菲特·迪尔（Joanne Feit Diehl）编的评论

集《论露易丝·格丽克：改变你看到的》（*On Louise Glück: Change What You See*），这也是目前仅有的两本专书；通过谷歌图书和谷歌搜索阅读了更多论及格丽克诗歌的著作和资料。译者从中摘译了部分内容并注明出处，引为相关诗作的注释。同时，鉴于格丽克对文化典籍和典故的倚重，译者查阅资料，制作了部分注释。一本诗集，如《新生》中涉及埃涅阿斯的诗作有多首，译者的注释有多个，各有侧重，相互参照。注释的目的是提供诗歌的文化背景或一种理解思路，而非答案，尤其是要避免泯灭诗作可能的歧义。注释费时费力，更费斟酌，惟恐越出"译者"的界线；也正为此，译者在最后阶段删减了多处注释。望读者诸君明鉴。

此次翻译格丽克诗集，由我与范静哗（得一忘二）兄共同承担：我译前 10 本，范兄译第 11 本。范兄是我所敬慕的兄长，我们的交流始于多年前的"诗生活"网站的"翻译论坛"——这让我怀念起当初一起讨论格丽克诗的朋友们：周琰、AX、虚玎、飞渡、那么南……多年来周琰兄对我帮助尤多。译诗后期校改中，李晖、白木碉、蓝玉等朋友都曾给我帮助。感谢昆鸟兄对格丽克诗歌的青睐，他的才气和他对诗歌的热爱都让我惊讶。感谢格丽克和她的版权代理卢克·英格拉姆（Luke Ingram）的辛劳。格丽克特别提醒感谢她的好友，耶鲁大学教授宋惠慈（Wai Chee Dimock）女士帮助审读译诗。部分译作经李寒、阿翔、刘锋、高兴、以亮、执浩、洗尘、南野、阿波、刘川、秀珊、胡弦、江离、飞廉、谷禾、李浩、公度、之平、莱耳、江雪、阿平、张联、江汀等诸多朋友之手刊发，特致感谢。当然，无需多说，译误之处自应由译者负责，亦望各位朋友回馈指出，不胜感谢。

柳向阳

2012.8.31

又：从 2006 年开始译格丽克，如今马上就进入第十年了……格丽克的第 12 本诗集三个月前已经出版，这是我不曾预料到的。实际上，诗集之外，她至少还有一本诗随笔要结集出版。

2014.12.21

导读：要引来闪电的眷顾

在面对格丽克诗歌的十年里，作为译者和一名诗歌写作者，最深切的感受，是她的诗歌写作有许多值得我们借鉴的地方，也有许多让人颇费思量的地方，即阅读的问题，这里我们以她的 2006 年诗集《阿弗尔诺》尝试分析。

与 1985 年诗集《阿基里斯的胜利》和 1999 年诗集《新生》类似，这本诗集以一个希腊神话故事作全书的基础，在格丽克众多诗集中颇具代表性。译者在《露易丝·格丽克的疼痛之诗》一文中引用了尼古拉斯·克里斯托夫关于这本诗集的书评文字："诗集中的 18 首诗丰富而和谐：以相互关联的复杂形象、一再出现的角色、重叠的主题，形成了一个统一的集合，其中每一部分都不失于为整体而言说。"[1] 期待读者从整体出发，对 18 首诗作进行分类，细加琢磨，或能窥得格丽克创作的一些奥秘。

但实际阅读恐怕远没有那么容易。首先，对每首诗细细勘察，即会遇到一些难解之处。如第一首诗《夜徙》前两节：

> 正是这一刻，你再次看到
> 那棵花楸树的红浆果
> 以及黑暗的天空中
> 有鸟儿夜徙。
>
> 这让我悲伤地想到
> 死者再看不到它们——
> 这些事物为我们所依赖，
> 但它们消逝。

这里"你"与"我"、"我们"的转换是多么不易察觉！但细读之下，我们不免起疑：这里的人称"你"、"我"和"我们"是泛指的，还是特定的？如果是特定的，指的是谁？

---

[1] Nicholas Christopher. "Art of Darkness", *The New York Times*, 3/12/2006.

初读时我们不妨假定是泛指，但这本诗集中还有一首与它内容相近的诗作《夜星》，有助于我们进一步的追索，其中写道：

> 因为在我的另一种生活里，我曾
>
> 伤害过她：维纳斯，
>
> 这颗黄昏之星，

诗集《阿弗尔诺》里的希腊神话是珀尔塞福涅被冥王哈得斯劫持为妻这样一个暴力的"爱情"故事，在希腊神话中，有冥后珀尔塞福涅与维纳斯争夺阿多尼斯的故事，这里的"我"，应是珀尔塞福涅无疑。珀尔塞福涅过两种生活：每年有三分之一的时间待在冥界，其他时间回到母亲身边，因此，具体地说，此处的"我"应是从冥界回到大地上的珀尔塞福涅，一个大地上的少女的角色。诗中的"另一种生活"，则是她作为冥后的生活。

我们将这里的结论带入《夜徙》一诗，来理解其中的"你"、"我"，也是成立的，但"你"、"我"是一人还是两人？笔者倾向于"你"、"我"对应珀尔塞福涅的两种身份，两个自我。

其次，如何将这本诗集作为一个整体阅读？

这本诗集里与珀尔塞福涅神话没有明显关联的诗作，多数诗篇里的主角类似珀尔塞福涅的"大地上的少女的角色"：对爱情充满想象，具体诗篇中往往是一双姊妹，或者说一个少女的两个方面，其中的"我"有时又是一个沉迷于性爱中的女人，这样一种由一而二、由二而一的分化，正类似于珀尔塞福涅的两种身份，而其内容，也大致是爱情或关于爱情的谈论，如《棱镜》：

如果你坠入爱情，妹妹说，
那就像被闪电击中。

她正满怀希望地说着，
要引来闪电的眷顾。　　　　　　　　（4）

你长大，你被闪电击中。
当你睁开眼睛，你永远与你的真爱
　　缚在了一起。　　　　　　　　　　（13）

直接描述珀尔塞福涅的诗作，则充满了暴力，充满了凄厉！颇类于闪电过后一片焦土，如第一首《漂泊者珀尔塞福涅》里写她正躺在冥王哈得斯的床上，说她相信"她早已是一个囚犯，自从她生为女儿"。可谓是一针见血，典型的格丽克用笔。

格丽克是一位值得多角度阅读的诗人，包括我们很少提及的她的诗随笔，亦是理解她的诗歌的一把钥匙，我们且引一段她的随笔结束本文：[1]

> 吸引我的是省略，是未说出的，是暗示，是意味深长，是有意的沉默。那未说出的，对我而言，具有强大的力量：经常地，我渴望整首诗都能以这种词汇制作而成。它类似于那看不到的；比如，废墟的力量，已毁坏的或不完整的艺术品。这类作品必然地指向更大的背景；它们时常萦绕心头，就因为它们不完整，虽然完整性被暗示：暗示另一个时代，暗示一个世界，让它们置于其中就变得完整或复归完整。

柳向阳

---

[1] Louise Gluck. *Proofs and Theories: Essays on Poetry*. Hopewell: The Ecco Press, 1994.

阿弗尔诺

Averno，2006

柳向阳 译

献给诺亚（Noah）

阿弗尔诺，古称阿韦尔努斯，一个小火山湖，在意大利那不勒斯以西十英里处；古罗马人认为是地狱的入口。

I

夜徙

正是这一刻，你再次看到
那棵花楸树的红浆果
以及黑暗的天空中
有鸟儿夜徙。

这让我悲伤地想到
死者再看不到它们——
这些事物为我们所依赖，
但它们消逝。

灵魂要怎样才寻得安慰？
我告诉自己：也许
它不再需要这些欢乐；
也许，仅仅不存在就已经够受，
和那同样艰难的是去想象。

十月

1.

又是冬天吗，又冷了吗，
弗兰克不是刚刚在冰上摔跤了吗，
他不是伤愈了吗，春天的种子不是播下了吗

夜不是结束了吗，
融化的冰
不是涨满了小水沟吗

我的身体
不是得救了吗，它不是安全了吗

那伤痕不是形成了吗，无形的
在伤口之上

恐惧和寒冷，
它们不是刚刚结束吗，后园
不是耙过又播种了吗——

我记起大地的模样，红色，黏稠，
绷直成行，种子不是播下了吗，
葡萄藤不是爬上南墙了吗

我听不到你的声音
因为风在吼叫，在裸露的地面上空呼啸着

我不再关心
它发出什么声音

什么时候我默不作声，什么时候
描述那声音开始显得毫无意义

它听起来像什么，并不能改变它是什么——
夜不是结束了吗，大地
当它被种植，不是安全了吗

我们不是播下种子了吗，

我们不是必需的吗，对于大地，

葡萄，它们收获了吗？

2.

一个又一个夏天结束了，
安慰，在暴力之后：
如今要待我好
对我并没有益处；
暴力已经改变了我。

黎明。小山闪耀着
赭色和火，甚至田地也闪耀着。
我知道我看到了什么；太阳，那可能是
八月的太阳，正在归还
曾被带走的一切——

你听到这个声音了吗？这是我心灵的声音；
如今你不能触摸我的身体。

它已经改变过一次，它已经僵硬，
不要请求它再次回应。

像夏日的一日。
出奇地安静。枫树长长的树荫
在砾石小路上近乎紫色。
而夜晚，温暖。像夏夜的一夜。

这对我并没有益处；暴力已经改变了我。
我的身体已变冷，像清理一空的田地；
此刻只有我的心智，谨慎而机警，
感觉到它正被检验。

又一次，太阳升起，像往常在夏天升起一样；
慷慨，安慰，在暴力之后。
安慰，在树叶改变之后，在田地
收割、翻耕之后。

告诉我这是未来，
我不会相信你的话。
告诉我我还活着，
我不会相信你的话。

3.

雪已落下。我回忆起
一扇敞开的窗子里传出的音乐。

快来啊，世界喊道。
这不是说
它就讲了这样的句子
而是我以这种方式体察到了美。

太阳初升。一层水汽
在每样有生命的事物上。一洼洼冷光
在沟槽处积聚成形。

我站立
在那门口，
如今看起来多么荒谬。

别人在艺术中发现的，
我在自然中发现。别人
在人类之爱中发现的，我在自然中发现。

非常简单。但那儿没有声音。

冬天结束。解冻的泥土里，
几簇绿色才露出来。

快来啊，世界喊道。那时我穿着羊毛上衣
站在某个明亮的入口处——
如今我终于能说
很久以前；这给了我相当大的快乐。美

这位诊师，这位导师——

死亡也不能伤害我
像你已经伤害我这么深，
我心爱的生活。[1]

---

[1] 如果说她曾经觉得门外的世界是新鲜的，那么，如今这种想法却显得荒谬。如果说这种感觉，无论多么荒谬，是依赖于她的年轻，那么，如今她已经不再年轻：这发生在"很久以前"……不是一次，而是两次，世界第一次说："快来啊"……沉思"一层水汽"在每样有生命的事物上，是在强调日常事物（不同于自身）的魅力，正如"明亮的入口处"这个词组使得门口又一次充满魅力。（James Longenbach, 104—105）——译者注，下同

4.

光已经改变；
此刻，中央 C 音变得黯淡。
而早晨的歌曲已经反复排练。

这是秋天的光，不是春天的光。
秋天的光：你将不被赦免。

歌曲已经改变；那无法言说的
已经进入他们中间。

这是秋天的光，不是那正说着
我要再生的光。

不是春天的曙光：我曾奋斗，我曾忍受，我曾被
　　拯救。
这是现在，无用之物的寓言。

多少事物都已改变。而仍然，你是幸运的：
理想像发热般在你身上燃烧。
或者不像发热，像又一颗心脏。

歌曲已经改变，但实际上它们仍然相当美丽。
它们被集中在一个更小的空间、心灵的空间里。
它们变暗，此刻，带着悲哀和苦闷。

而仍然，音符反复出现。奇特地盘旋
期待着寂静。
耳朵逐渐习惯了它们。
眼睛逐渐习惯了它们的消逝。

你将不被赦免，你所爱的也不被赦免。

风儿来了又去，拆散心灵；
它在苏醒里留下一种奇怪的清晰。

你是怎样地被恩典，仍然激情地
执着于你的所爱；
希望的代价并没有将你摧毁。

庄严的，感伤的：

这是秋天的光；它已经转向我们。
确实，这是一种恩典：接近尾声

但仍有所信。

5.

世界上没有足够的美，这是真的。
我没有能力将它修复，这也是真的。
到处都没有坦诚，而我在这里也许有些作用。

我
正在工作，虽然我沉默。

这乏味的

世界的痛苦
把我们各自束缚在一边，一条小径

树木成行；我们

在这儿是同伴，但不说话，
每个人都有他自己的思想；

树林后面，
是私人住宅的铁门，
紧闭的房间

莫名地被废弃，荒凉，

仿佛，艺术家的职责
是创造希望，
但拿什么创造？拿什么？

词语自身
虚假，一种反驳感知的
装置——在十字路口，

季节的装饰灯。

那时我还年轻。乘地铁，
带着我的小书
似乎能护卫自己，防御

这同一个世界：

你并不孤独，

诗歌说，

在黑暗的隧道里。

6.

白天的光亮变成了

黑夜的光亮；

火变成了镜子。

我的朋友大地凄苦不堪；我想

阳光已经辜负了她。

凄苦还是厌倦，这很难说。

在她自己与太阳之间，

某种东西已经结束。

现在，她渴望单独留下；

我想我们必须放弃

向她寻求证词。

在田地上空，

在农家屋顶上空，

那光芒，曾让所有生命成为可能，

如今成了寒冷的群星。

静静躺下观察：

它们无可给予，无所索取。

从大地

凄苦耻辱、寒冷荒凉的内部

我的朋友月亮升起：

她今夜美丽，但她什么时候不美丽？

漂泊者珀尔塞福涅[1]

在第一个版本里，珀尔塞福涅

从母亲身边被抢走

于是这位大地的女神

就惩罚大地——这种情形

与我们知道的人类行为相一致，

人类获得深度的满足

在进行伤害时，尤其是

无意识的伤害：

我们可以称之为

消极创造。

---

[1] 珀尔塞福涅（Persephone）：希腊神话中宙斯与德墨忒尔之女，被冥王哈得斯劫持为妻，后得到母亲的营救，但由于误食了冥王的石榴（"红色果汁的污点"），每年必须有三分之一的时间待在冥界，其他时间回到母亲身边。

珀尔塞福涅在冥界

最初的逗留，至今还在

被学者们刨问——他们争论

这位处女的感受：

她被强奸时是否配合，

或者，她是否被麻醉、逼迫，违逆了她的意志，

就像如今频频发生在现代女孩身上的那样。

众所周知，被爱的人返回

并不能挽回

她的损失：珀尔塞福涅

返回家里

带着红色果汁的污点，像

霍桑作品中的一个角色——

我无法确定我是否会

保留这个词：大地

是珀尔塞福涅的"家"吗？她是安居在家吗，可

　　以想象的，

在神的床上吗？她是

无处为家吗？她

生来就是一个漂泊者吗，或者说

是她自己母亲的

一个存在的复制品，而不是

被因果律的概念致残?

你有权

一个也不喜欢，你晓得。这些角色

并不是人。

他们是一种困局或冲突的方方面面。

正如灵魂被一分为三，

自我，超我，本我。同理

世界有三个层次，

一种示意图将天堂

与大地与地狱分开。

你一定会问你自己：

哪儿正在下雪?

亵渎的白色

不再圣洁的白色——

大地上正在下雪；寒风说

珀尔塞福涅正在地狱里过性生活。
不像我们其他人，她并不知道
冬天什么样，她只知道
冬天是因她而产生。

她正躺在冥王哈得斯的床上。
她的心里想些什么？
她害怕吗？有什么东西
抹去了心智
这个概念吗？

她确实知道大地
由母亲们掌控，这些
确定无疑。她还知道
她已经不再属于
人们所说的女孩。至于
软禁，她相信

她早已是一个囚犯，自从她生为女儿。

为她预备的可怕的团聚
将耗去她余下的生命。
当补偿的热情
漫长而且强烈，你就不再选择
自己活着的方式。你并没有活着；
也不允许你死去。

你漂泊在大地与死亡之间
而两者看起来，最终，
令人惊异地相同。学者们告诉我们

当围绕你而争夺的各种力
足以将你杀死
知道你想要什么并没有意义。

健忘的白色，
安全的白色——

他们说
人类的灵魂中有一道裂缝

并不是为了完全属于生命
而构造。大地

要求我们否认这道裂缝，一种威胁
被伪装成蛛丝马迹——
就如我们已看到的
在珀尔塞福涅的故事里；
而这个故事应该被读作

母亲与情人之间的一场争执——
女儿只是内容。

当死神突然出现时，她还从没有看到过
不长雏菊的草地。
突然间她就再也不能
以她的少女之歌
来颂扬她母亲的
美丽与丰饶。
裂缝的所在，就是中断。

大地之歌，
神话想象的永生之歌。

我的灵魂

与那渴望归属大地的旋律

一起破碎——

你该怎么做，

如果是你在野地里与那个神相遇？

棱镜

1.

谁能说出世界是什么？世界
动荡不定，因此
无法读懂，风向转换，
那巨盘无形地转动，变化——

2.

泥土。起疱的岩石
碎片。在它上面
裸露的心脏构建起
一座房屋，记忆：许多花园
小尺寸，易于管理，许多花圃

在海边发潮——

3.

正如一个人接受

一个敌人，通过这些窗户

一个人接受

这个世界：

这是厨房，这是黑暗中的书房。

意思：我是这里的主人。

4.

如果你坠入爱情，妹妹说，

那就像被闪电击中。

她正满怀希望地说着，
要引来闪电的眷顾。

我提醒她说，她完全是在重复
妈妈的老套子，这些，她和我

在孩童时就讨论过，因为我们两个都觉得
我们在大人们那儿看到的

那种效果不是闪电
而是电椅。

5.

谜语：
为什么我妈妈快乐？

谜底：
她嫁给了我爸爸。

6.

"你们女孩子，"妈妈说，"应该嫁给
像你们爸爸这样的人。"

这是一句。另一句是，
"没有一个人像你们爸爸这样。"

7.

从刺透的云层里，银色线条纹丝不动。

不大可能的
金缕梅的黄，水银的纹路
是河流的路径——

然后又是下雨，擦去
潮湿的大地上的脚印。

一条暗藏的小路，像

一幅没有十字路口的地图。

8.

含义是，有必要放弃

童年。"结婚"这个词是个信号。

你也可以把它当成美学建议；

孩子的嗓音让人厌烦，

它没有更低的换声区了。

这个词是一个代码，神秘，如罗塞塔石碑[1]。

它也是一个路标，一个警告。

你可以随身带走一些东西，像一份嫁妆。

你可以带走你的能思考的那部分。

"结婚"意味着你应该让那部分保持安静。

---

[1] 罗塞塔石碑（Rosetta Stone）是一块制作于公元前 196 年的大理石石碑，1799 年发现于埃及城市罗塞塔，刻有一段文字的三种不同语言版本，是研究古埃及语言与文化的重要文物。

9.

一个夏夜。外面,
夏季暴风雨的声音。然后晴空如洗。
窗户里,夏季的星群。

我在床上。这个男人和我,
我们悬浮在性爱经常带来的
奇特的平静里。大多数的性爱会带来的。
渴望,它是什么? 欲望,它是什么?

窗户里,夏季的星群。
曾经,我能给它们命名。

10.

抽象的
形状、图案。
心智之光。冷静而细微的
无关利害的火,不可思议地

被泥土阻塞，黏黏的，闪烁
在水和空气里，

那精致的标志，
说明：现在播种，现在收获——

我能给它们命名，我曾为它们准备了名字：
两件不同的事情。

11.

难以置信之物，星星。

在我儿时，我因失眠症而受折磨。
夏天的夜晚，父母允许我坐在湖边；
我带了小狗作伴。

我刚说了"遭罪"吗？那是用我父母的方式来解释
那些爱好——对他们来说

无法解释："遭罪"比"喜欢和小狗待在一起"要
　　好些。

黑暗。沉寂消除了必死性。

泊船浮起，落下。

当月亮变圆，我有时能读出用漆写在船帮上的

那些女孩的名字：

鲁思·安、甜甜伊思、佩吉我亲爱的——

她们去了哪儿？这些女孩

我们对她们一无所知。

我把夹克铺在潮湿的砂地上，

小狗蜷缩在我身边。

父母无法看到我头脑中的生活；

当我把它写下来，它们的拼写形式就固定了。

湖水的声音。抚慰的、非人类的

湖水拍打码头的声音，小狗在某处的青草里

撕扯——

12.

任务就是坠入爱情。
细节由你决定。
第二部分是
要在诗中包括某些词语，
从完全是关于另一个主题的
一个特定文本里抽取的词语。

13.

春雨，然后是一个夏夜。
一个男人的声音，然后是一个女人的声音。

你长大，你被闪电击中。
当你睁开眼睛，你永远与你的真爱缚在了一起。

它只发生一次。那时你被关照，
你的故事结束。

它发生一次。被闪电击中就像种痘；
你一生再不会感染，
你感到温暖，干爽。

除非休克不够强烈。
那样你就不是种痘，而是上瘾。

14.

任务是坠入爱情。
作者是女性。
自我必须被称为灵魂。

行动发生在身体里。
星星代表其他一切：梦，心智，等等。

凭着自恋投射中的那个自我
心爱的人被确认。

心智是一个次要情节。它一直唠叨不停。

时间被体验

作为仪式，而非叙述。

那被重复的，也有重量。

某些结尾是悲剧的，因此可以接受。

其他一切都是失败。

15.

欺骗。谎言。渲染，我们称为

胡思乱想——

有太多的路，太多的说法。

有太多的路，没有小径——

而最终呢？

16.

列出"十字路口"的含义。

答案：一个包含道德的故事。

请给出一个反例：

17.

自我结束，世界开始。
它们大小相等，
相称，
一个映照着另一个。

18.

谜语是：为什么我们不能生活在心智之中。

谜底是：大地的栅栏介入了。

19.

房间安静。
这是说，房间安静，但相爱的人在呼吸。

同样地，夜晚黑暗。
夜晚黑暗，但群星闪烁。

床上的那个男人是我给了心的
几个男人中的一个。把自己作为礼物，
这没有限制。
没有限制，虽然它反复发生。

房间安静。它是一个绝对，
像这黑夜。

20.

一个夏夜。夏季暴风雨的声音。
那巨盘无形地转换，变化——

而在黑暗的房间里，相爱的人相拥而眠。

我们，我们每个人，都是那个首先醒来的人，
他首先翻动起来，并看到第一缕曦光里
那个陌生人。

火山湖

在善与恶之间有一场战争。
我们决定把身体称为善。

这样，死亡就成了恶。
它使灵魂
完全与死亡作对。

像一个普通士兵渴望
追随一个伟大的勇士，灵魂
渴望与身体站在一起。

它反对黑暗，
反对它能认出的
死亡的种种形式。

但从哪儿传来了那个声音

它说，假定战争

是恶，它说

假定身体对我们做了这些，

使我们对爱恐惧——

回声

1.

一旦我能想象我的灵魂
我就能想象我的死亡。
当我想象出我的死亡
我的灵魂就死去。这些
我还清晰地记得。

我的身体维持。
不是健壮，而是维持。
为什么？我不知道。

2.

当我还很小的时候
我父母搬到了一片谷地
群山环绕
那儿被称为湖国。
从我们的菜园里
你能看到群山，
积雪覆盖，甚至夏天。

我还记得一种宁静
我再也不曾经历。

不久以后，我开始想让自己
成为一个艺术家，
替这些印象发出声音。

3.

其余的，我已经告诉了你。

几年的顺畅，此后
长期的沉默，像山谷里的沉寂
在群山送回你自己的
已经变成大自然的声音之前。

这沉默如今是我的同伴。
我问：我的灵魂因何而死？
那沉默回答说

如果你的灵魂已死，那么
你正活着的是谁的生命？
你什么时候变成了那个人？

赋格曲

1.

我当那个男人，因为我高一些。
我妹妹决定
我们应该什么时候吃饭。
有时候，她会有一个宝宝。

2.

那时我的灵魂出现了。
你是谁，我问。
我的灵魂说，
我是你的灵魂，那个迷人的陌生人。

3.

我们去世的妹妹
在妈妈的头脑里等待、不为人知。
我们去世的妹妹既不是男人
也不是女人。她像一个灵魂。

4.

我的灵魂被接受：
它让自己附到一个男人身上。
不是一个真实的男人，而是我假装的
那个男人，正与我妹妹游戏。

5.

那时我醒了过来——在长沙发上躺着
让我的记忆鲜活起来。

我的记忆像一间塞满旧报纸的地下室：

什么都不曾改变。

6.

我做过一个梦：妈妈从一棵树上摔了下来。

她摔下来后，那棵树就死了；

它已经失去了机能。

妈妈没有受伤——她的箭不见了，她的翅膀

变成了双臂。火的生灵：人马座。她发现自己——

在一个郊区花园。那时我醒来。

7.

我把书放在一边。灵魂是什么？

一面旗帜飘扬

在太高的旗杆上，如果你知道我是什么意思。

身体
畏缩在朦胧的丛林里。

8.

好吧，我们要在这儿做些与那有关的事情。

（用一种德国口音。）

9.

我曾有一个梦：我们在打仗。
妈妈把她的弓留在深深的草丛里。

（人马座。射手。）

我的童年，永远对我关闭了，
它变得金黄，像秋天的花园，

覆盖了厚厚一层盐沼草。

10.

一张金弓：战时有用的礼物。

它那么沉——没有哪个孩子能把它拿起来。

除了我：我能把它拿起来。

11.

后来我受伤了。那张弓
此时就成了竖琴，它的弦
深深切入我的手掌。在梦中

它既制造了伤口又缝合了伤口。

12.

我的童年：对我关闭了。或者
它被覆盖在下面——丰饶。

但非常暗。非常隐蔽。

13.

黑暗中，我的灵魂说
我是你的灵魂。

没有人能看见我，只有你——
只有你能看见我。

14.

它又说，你必须信任我。

意思是：如果你移动竖琴，
你将流血而死。

15.

为什么我不能哭出声？

我应该正在写：我的手在流血，
感到疼痛和恐惧——这些
我在梦中感觉到了，正如战争中的一个伤员。

16.

那时我醒了过来。

梨树。苹果树。

我曾经坐在那儿

从心上拔出箭矢。

17.

然后我的灵魂出现了。它说
正如没有人能看到我，也没有人
能看到那血。

而且：没有人能看见那竖琴。

然后它说
我能救你。意思是
这是一个试探。

18.

"你"是谁？正如说

"你厌倦了无形的疼痛吗？"

19.

像一只小鸟被锁起来，不见天光：

那是我的童年。

20.

我当那个男人，因为我高一些。

但我并不高——
我不是曾照过镜子吗？

21.

沉默，在街边花园的
苗圃里。然后：

那竖琴暗示什么？

22.

我知道你想要什么——
你要想俄耳甫斯，你想要死亡。

那个说"帮我找到欧律狄刻"的俄耳甫斯

然后音乐开始，灵魂的哀歌
看着那身体消失无形。

II

夜星

今夜，许多年来第一次，
大地辉煌的景象
又对我显现：

在夜空里
那第一颗星
似乎增加了亮度
当大地变暗

直到最后无法变得更暗。
而那光芒，那死亡之光，
似乎让大地恢复了

慰藉的力量。那儿
没有别的星星。只有这一颗
我熟悉她的名字

因为在我的另一种生活里，[1] 我曾

伤害过她：维纳斯，

这颗黄昏之星，

我要对你献上

我的想象，既然在这黯淡的表面

你已经撒播了足够的光辉

让我的思想

再次可见。

---

[1] 珀尔塞福涅过着两种生活，即每年必须有三分之一的时间待在冥界，其他时间回到母亲身边。

风景

1.

太阳在群山背后下沉，
大地变冷。
陌生人已经把他的马拴到光秃秃的栗树上。
马儿安静——他突然地转过头，[1]
听，远处，海的声音。

我在这儿为今夜铺床，
把我最厚重的棉被在潮湿的地上铺开。

海的声音——
当马儿转动脑袋，我就能听到。

---

[1] 注意此诗中"它"、"他"的互换；诗人对此确认但没有特别的解释。

一条小路穿过光秃秃的栗树林，
一只小狗跟着它的主人。

那只小狗——他不是经常冲到前面吗，
把皮带扯得紧紧，似乎要指给他的主人
他在那儿看到的东西，那儿，将来——

将来，小路，随你喜欢怎么称呼它。

树林后面，日落时，似乎是一团大火
在两山之间燃烧
所以最高悬崖上的积雪
看起来，一时间里，也在燃烧。

听：在小路尽头，那个人在呼唤。
他的声音如今已变得非常陌生，
他正呼唤他看不到的事物。

一遍一遍地，他在黑暗的栗树林里大声呼唤。
直到有野兽回应
微弱地，从极远处，
似乎我们惧怕的这种生灵

并不可怕。

黎明：那个陌生人已经解开了他的马。

海的声音——
如今只是回忆。

2.

时间流逝，把一切变成冰。
冰的下面，未来涌动。
如果你掉到里面，你就死去。

这是等待，
行动悬而不决的时刻。

我活在当前，这是
你能看到的未来的一部分。
过去在我的头上飘浮，
像太阳和月亮，可见而不可及。

这是矛盾

主宰的时刻，正如说

我什么也没感觉到，但

我心怀恐惧。

冬天让树林变得疏阔，又用雪填满。

因为我无法感觉，雪落，湖水结冰。

因为我恐惧，我并不走动；

我的呼气也是白的，对寂静的一种描绘。

时间流逝，有一些变成了这样。

有一些径直蒸发了；

你可以看到它在白色树林上空飘浮

结成冰粒。

你的整个一生，都等待着吉庆的时刻。

而那个吉庆的时刻

用行动呈现自己。

我注视着过去在移动，一线云朵移动着

从左到右，或是从右到左，

随风而定。有些日子

没有风。似乎云朵
就待在它们所在之处，
像一幅海的画像，比真实更沉静。

有些日子，湖是一片玻璃。
玻璃下面，未来发出
娴静的、诱人的声音：
你必须绷紧自己才能不去听。

时间流逝；你看到它的一星半点。
它随身携带的那些年份，属于冬天；
它们不会被遗漏。有些日子

没有云，似乎
过去的源头消失了。世界

脱去色彩，像一张底片；光
直接透过它。后来
图像黯淡。

在世界之上
只有蓝色，无处不在的蓝色。

3.

深秋，一个年轻女孩在麦田里
点起一把火。秋天

一直干燥；田野
像火绒一样升起。

后来，什么也没有剩下。
你走过田野，一无所见。

没有什么能捡起来，嗅一嗅。
马不理解这一切——

田野在哪儿？它们似乎在问。
那样子就像你和我在问
家在哪儿。

没有人知道怎么回答它们。
什么都没有剩下；
你必须充满希望，对于农场主，

保险公司将会赔偿。

这像是你生命中的一年丢失了。
你愿意为了什么而失去你生命中的一年？

后来，你回到那个老地方——
剩下的只有炭：黑、空。

你考虑：我在这儿怎么生活？

但那时候不同，
甚至去年夏天。大地

似乎不可能有什么错误。

它带走的只是一根火柴。
但在恰好的时间——它必须是在恰好的时间。

田地烤焦，干燥——
可以说
死亡已经就位。

4.

我在河里入睡，我在河里醒来，
关于我不为人知的
死亡未遂，我对你
无可奉告，无论是
因为什么或是谁救了我——

无边的沉寂。
没有风。没有人的声音。
凄苦的世纪

结束了，
那荣耀已去，那永恒已去，

冷太阳
持续，作为一种古董，一种纪念，
时间在它背后流淌——

天高气爽，
仿佛是冬天，
泥土干燥，没有耕作，

办公室的灯光平静地
透过一个小孔，在空气中移动

高贵，满足，
消解着希望，
让未来的图像，从属于表示未来之逝去的符号——

我想我必定已经摔倒。
当我试图站起来，我必须强迫自己，
因为我还不习惯身体的疼痛——

我已忘记
情况是多么严酷：

大地不是荒凉
而是寂静，河水冰冷，清浅——

关于我的睡梦，我记不起来
一星半点。当我叫喊，
我的声音出乎意料地让我感到安慰。

在意识的沉寂中，我问自己：

为什么我拒绝我的生活？而我回答
Die Erde überwältigt mich:
大地辜负了我。

我在描述中已尽量精确，
如果还有人跟着我。我能够证实
当冬天太阳下沉，它
无比美丽，对它的回忆
长久地保持着。我想这意味着

没有夜晚。
夜晚在我的头脑里。

5.

太阳下落之后
我们骑马快行，希望
天黑前找到庇身之处。

我已经能看到群星，

首先在东边的天空：

我们骑着，

远离了灯光，

向着大海，因为

我曾听说那儿有个村庄。

不久后开始下雪。

起初不密，后来

越来越大，直到大地

覆上一层薄薄的白色。

当我回头，我们行走的路线

清晰地显示出来了——

短时间内，它就成了

一条横穿大地的黑暗抛物线——

后来雪下得更紧，道路消失。

马儿又累又饿；

他再也找不到

可靠的落脚之处。我告诉自己：

我刚才已经迷路，我刚才已经发冷。

夜已经到了我这儿

正是以这种方式，作为前兆——

而我想：如果要求我

返回这儿，我将愿意回来

作为一个人，而我的马

仍是他自己。否则

我将不知道怎样再次开始。

纯洁的神话

那个夏天，她像平常一样走到野外

在那个池塘边停下一会儿，她经常在那儿

照照自己，看一看

她能否侦察到什么变化。这次她看到的

仍是同一个人。令人讨厌的

少女身份的斗篷仍然贴着她。

在水里，太阳似乎很近。

那是我的叔叔又在监视我，她想——

自然界的每样事物都是她的亲戚。

我从来不孤单，她想着，

将这种想法变成了祈祷。

那时死神出现了，就像是对祈祷的回答。

再没有人能理解

他是多么英俊。但珀尔塞福涅记得。

还记得他抱起她，就在那儿，
而她的叔叔注视着。她记得
阳光在他裸露的胳臂上闪烁。

这是她能清晰记得的最后一刻。
然后黑暗之神把她带去。

她还记得，不太清晰地，
那可怕的洞察：从这一时刻起
她再不能没有他而活着。

从池塘消失的那个女孩
再不会回来。将要回来的是一个妇人，
寻找她曾是的那个女孩。

她站在池塘边说着，时不时地，
我被劫持了，但在她听起来
又是错的，一点儿不像她曾经的感觉。
然后她说：我不是被劫持的。
接着她说：我奉献了自己，我渴望
逃离我的身体。有时甚至说
我曾渴望这样。但无知

不会渴望知识。无知
渴望想象的事物，相信它们存在。

所有不同的名词——
她循环着说它们。
死神，丈夫，神，陌生人。
一切听起来如此简单，如此传统。
她想：我必定曾是一个单纯的女孩。

她无法记起作为那个人的自己，
但她一直在想那个池塘将会记得
并且解释她的祈祷的意思，
这样她就能知道
是否得到了答案。

古迹的碎片

我正试着去爱物质。
我在镜子上贴一张标记：
你不可能恨物质而爱形式。

这是美丽的一天，虽然寒冷。
对我来说，这是一个极度情绪化的姿态。

……你的诗句：
尝试，但不能。

我在第一张标记上面贴了一张标记：
叫喊，哭泣，打击自己，撕你的衣服——

要爱的事物清单：
泥土，食物，贝壳，人的头发。

……说

无趣的过剩。然后，我

撕掉了那个标记。

哎哎哎地哭了
那面赤裸的镜子。

蓝色大厅

我厌倦了有一双手
她说
我想要一双翅膀——

但如果没有手，你怎么
是人类？

我厌倦了人类
她说
我想生活在太阳上——

*　*　*

指着她自己：

不是这儿。
这个地方没有

足够的温暖。

蓝色天空，蓝色冰

蓝色大厅

升起

在平坦的街道上空——

尔后，一阵沉默之后：

*　*　*

我想要

我的心回来

我想要再次感觉万物——

这是

太阳所表示的：它表示

烧焦的——

*　*　*

最终，回忆

并不引人兴趣。

危险

并不引人兴趣。
那时候认识我的人
没有一个活着。

我妈妈
是一个美丽的女人——
他们都这么说。

* * *

我不得不想象
一切
她说

我不得不做得
就像真的有一张
那个地方的地图:

当你还是一个孩子

* * *

然后:

我现在在这儿

因为那些不是真的；我

歪曲了它——

＊　＊　＊

我想要她说

一种理论，能解释

万物

在妈妈的眼里

那不可见的

锡纸的碎片

蓝色冰

锁在鸢尾花里

＊　＊　＊

然后：

我想让它

成为我的错误

她说

这样我就能将它固定——

* * *

蓝色天空，蓝色冰，

街道像一条结冰的河流

你正在谈论

我的生活

她说

* * *

除非

她说

你必须按正确的顺序

将它固定下来

在你猜出了妈妈[1]之前

不要碰爸爸

---

[1] 你必须按正确顺序把问题固定下来，先从妈妈开始，然后才能到爸爸。
——作者解释。

*　*　*

一片黑色的空间
指明
词语结束的地方

像一个密码在说
你现在应该吸一口气

那片黑色的空间表示
当你还是一个孩子的时候——

*　*　*

然后：

那块冰
在那儿让你保护自己

教导你
不要去感觉——

真实
她说

我曾以为它应该像

一个目标，你会看到

中心——

                  *   *   *

冷光充满房间。

我知道我们是在哪儿

她说

那是我儿时的

窗户

那是我的第一个家，她说

那个方形的箱子——

继续边说边笑。

像我脑袋的内部

你能看到外面

但你不能到外面去——

＊　＊　＊

仅仅想一想
太阳在那儿，在那光秃秃的地方

冬天的太阳
并没有近得能抵达
孩子的心

那光正说着
你能看到外面
但你不能到外面

这儿，它说，
这儿是万物归属之地

忠贞的神话

当哈得斯认定自己爱上了这个姑娘
就为她建造了一件大地的复制品，
每种事物都一样，直到草地，
除了增加一张床。

每种事物都一样，包括阳光，
因为要让一个年轻姑娘如此迅速地
从光亮进入完全的黑暗，未免太为难。

逐渐地，他想，他会引入黑夜，
最先是树叶晃动的阴影，
然后是月亮，然后是星星。然后没有月亮，也没
　　有星星。
让珀尔塞福涅慢慢地习惯这里吧。
他想，最终，她会感到舒适。

大地的一个复制品
不同的是这里有爱。
难道不是每个人都想要爱吗？

他等了许多年，
建造一个世界，观察
草地上的珀尔塞福涅。
珀尔塞福涅，她嗅着，尝着。
他想，如果你有一个好胃口，
你就能享用所有这一切。

难道不是每个人都想在夜里抚摸着
心爱的人的身体，罗盘，北极星，
听那轻盈的呼吸述说着
我活着，那也意味着
你活着，因为你听见我说话，
你在这儿和我在一起。当一个人翻身，
另一个也翻身——

这是他所感觉到的，这个黑暗世界的统治者，
望着他为珀尔塞福涅建造的
这个世界。他从来也想不到

在这儿再不嗅什么香味，

当然也再不吃什么。

罪？恐怖？对爱的恐惧？

这些事情他无法想象；

爱着的人从来不想这些。

他梦想着，琢磨着怎么称呼这个地方。

他先是想到：新地狱。然后：花园。

最终，他决定把它命名为

珀尔塞福涅的少女时代。

此刻，一缕柔光正在平坦的草地上方升起，

在床的后面。他将她拥入怀中。

他想说：我爱你，没有什么能伤害你。

但他又想

这是谎言，所以最终他说道：

你已死，没有什么能伤害你。

这对他似乎是

一个更有希望的开端，更加真实。

阿弗尔诺

1.

当你的精神死亡，你就死了。
否则，你就活着。
你也许做得不好，但你坚持——
有些事你无法选择。

当我把这些告诉我的孩子
他们并不在意。
老人，他们想——
这是他们一贯做的事情：
谈论谁也看不见的东西
掩饰他们正在失去的那些脑细胞。
他们相互挤眼睛；
听听这老人，他正谈论精神
因为他都记不得椅子这个词了。

孤独是可怕的。

我指的不是孤独地生活——

而是孤独地存在，没人听你说话。

我记得椅子这个词。

我想说——我只是再没有兴趣了。

我醒来，想着

你必须做好准备。

很快，精神就将放弃——

世界上所有的椅子都帮不了你。

我知道我不在房间时他们说什么。

我是不是应该去看某个人，是不是应该

吃一种治抑郁症的新药。

我能听到他们，窃窃私语，商量着怎样分担开支。

我想大声尖叫

你们都生活在一个梦里。

他们想，看着我这样崩溃，够糟了。

没有这种说教，他们的日子已经够糟了，
似乎我还有权知道这新的消息。

嗯，他们享有同样的权利。

他们都生活在一个梦里，而我正准备
成为一个幽灵。我想大叫

雾已消散——
这像某种新的生活：
结局与你无关；
你知道结局。

想一想：六十年坐在椅子上。而此刻，终有一死
    的精神
如此坦然、无畏地寻求——

撩起面纱。
看看你正在和什么道别。

2.

我很久不曾回去。

当我再次看到那块田地，秋天已结束。

在这里，几乎没有开始就已经结束——

老人们甚至还没有夏天的衣物。

田地被雪覆盖，洁白无暇。

这里发生过什么，没有一点痕迹。

你也不知道农场主

是否已重新播种。

也许他已经放弃，搬走。

警察没有抓住那个女孩。

过了不久，他们说她搬到了别的乡村，

一个没有田地的乡村。

这样一场灾难

在大地上不留下标记。

而人们喜欢这样——他们觉得这样能给他们

一个新的开始。

我伫立很久，盯着虚无。

过了一会儿，我才觉察到天多么暗，多么冷。

很久——我没有概念到底有多久。

一旦大地决定不留下记忆

时间在某个方面就显得毫无意义。

但对我的孩子们来说并非如此。他们督促我

立下遗嘱；他们担心政府

会拿走一切。

他们应该什么时候跟着我来

看看这白雪覆盖的田地。

整个事情都写在那儿。

什么也没有：我没有什么能给他们。

这是第一部分。

第二部分是：我不想被烧死。

3.

一方面，灵魂漫游。

另一方面，人类生活在恐惧之中。

在两者之间，是消失的深坑。

几个年轻女孩问我

靠近阿弗尔诺是否安全——

她们有些冷，她们想往南边走上一阵儿。

一个说，像开玩笑，可不会往南走太远——

我说，和任何地方一样安全，

这让她们感到高兴。

它的意思是没有什么是安全的。

你登上火车，你消失不见。

你在窗户上写下你的名字，你消失不见。

到处都有地方像这儿

一样：你一个少女进去，

再没有从那儿回来。

像这块田地，这块被烧过的田地。

后来，女孩不见了。

也许她不曾存在过，

二者我们都没有证据。

我们所知道的是：

田地被烧。

但我们曾目睹那情景。

所以我们必须相信有那个女孩，

相信她的所作所为。否则

就成了我们不能理解的力量

在统治大地。

那些女孩很高兴，想着她们的假期。

不要坐火车，我说。

她们在火车窗户的雾气上写她们的名字。

我想说，你们是好女孩，

试图把你们的名字留在身后。

4.

我们花了一整天
在那片群岛漂流，
那些小岛
曾是半岛的一部分

直到它们断开
成为此刻你看到的碎片
漂浮在北方的海上。

我想，对我来说它们是安全的，
因为没有人能在那儿生活。

后来我们坐在厨房里
观看夜色初降，然后是雪。
一片，又一片。

我们变得沉默，被雪催眠
仿佛有一种扰动
先前被遮蔽的，
正变得清晰，

暗夜内部的某物
此刻暴露了——

在我们的沉默中，我们在问
那些问题——相互依赖的朋友
在极度沮丧中提的问题，
每个人都希望别人了解更多，

如果不是这样，就希望
他们交互的感想能成为洞见。

逼迫自己认识到人必须死，
有任何益处吗？
一个人有可能错过生命这个机会吗？

类似的问题。

雪很厚。黑夜
变成了繁乱的白茫茫一片。

我们不曾见过的某物呈现了。
只有那意义没有呈现。

5.

第一个冬天过后，田地又开始恢复生机。
但再没有整齐的犁沟了。
麦子的气息持久不去，一种不经意的芳香
混合着各种杂草，对此
人类的利用还没有设计出来。

令人费解的是——没有人知道
那个农场主去了哪里。
有些人以为他死了。
有人说他有一个女儿在新西兰，
他去了那儿照看外孙
而不是照看小麦。

结果表明，自然与我们不同；
它并没有一间记忆的仓库。
田地没有变得害怕火柴，
害怕女孩。它也不记得
犁沟。它被杀死，它被焚烧，
而一年后它又复活
似乎没发生过什么大不了的事。

那个农场主盯着窗外。

也许在新西兰，也许在别的地方。

他想：我的一生结束了。

他的一生在那田地里表达着自己；

他再不相信从大地里

生出任何东西。大地，他想，

已经击垮了我。

他还记得田地被烧毁的那一天，

他觉得并非偶然。

他内心深处的某物在说：我可以接受这些，

我片刻之后还能与它斗争。

可怕的时刻是他的劳作被抹去之后的春天，

那时他明白了大地

并不知道如何哀悼，而是将要改变。

然后，没有他继续存在。

预兆

我骑马与你相会：梦

像生命之物在我四周聚集

而月亮在我右边

跟着我，燃烧。

我骑马回来：一切都已改变。

我恋爱的灵魂悲伤不已

而月亮在我左边

无望地跟着我。

我们诗人放任自己

沉迷于这些无休止的印象，

在沉默中，虚构着只是事件的预兆，

直到世界反映了灵魂最深层的需要。

仿亚历山大·普希金

望远镜

有一个时刻，你移开目光之后
就忘了自己身在何处
因为，你似乎已经生活在
别的某个地方，在夜空的寂静之中。

你已经不在这个世界上了。
你在一个不同的地方，
人的生命没有任何意义的地方。

你不是一个有身体的生命。
你像群星存在那样存在，
参与着它们的寂静，它们的浩瀚无际。

后来你又回到了这个世界上。
在深夜，一个寒冷的小山上，
将望远镜拆下来。

此后你就认识到

不是说图像是假的

而是说关系是假的。

你看到每样事物

距离其他每样事物是多么遥远。

画眉鸟

雪开始飘落，在整个大地的表面。
这不可能是真的。但让人感觉是真的，
落得越来越厚，在我能看到的万物之上。
松树因结冰而变脆。

这是我曾给你讲过的地方，
从前我晚上到这儿来，看那些红翅膀的山鸟，
我们这儿叫画眉鸟——
正在消失的生命的红色一闪——

但对我来说——我想我感到的罪必定意味着
我还没有活得很好。

像我这样的人并不逃脱。我想你睡一会儿，
你就沉入到来生的恐惧之中
除非

灵魂以某种不同的形式，

或多或少比以前更有意识，

更贪婪。

在生生世世之后，也许有什么变化。

我想最终你可以看到

你想要的东西——

那时，你就不再需要

第二次死亡和返回。

漂泊者珀尔塞福涅

在第二版里，珀尔塞福涅
已经死去。她死了，她母亲满心悲伤——
性的问题
无须在此困扰我们。

禁不住地，在悲伤中，德墨忒尔
找遍了大地。我们并不期望知道
珀尔塞福涅正在做什么。
她已经死去，死者是神秘的。

现在只剩下了
一个母亲和一个有名无实的人：这么说
对于那个母亲的经验
是精确的，当

她注视着这个婴儿的面孔。她想：

我还记得你不存在的时候。婴儿

困惑了；后来，婴儿的观点是

她一直就存在，正如

她的母亲一直就存在

按当前这个样子。她的母亲

像公汽站的一个身影，

一个等待公汽的守望者。而此前，

她就是那辆公汽，一个临时的

家或设施。珀尔塞福涅，被保护着，

盯着战车的窗户外面。

她看到了什么？早春四月

一个清晨。此刻

她的整个生命正在开始——但不幸地，

这将是

短暂的一生。她将认识的，其实，

只有两个成年人：死神和她的母亲。

但两个人

就是她母亲拥有的两倍：

她母亲只有

一个孩子，女儿。
作为一个神，她本来可以有
一千个孩子。

我们从这里开始看到
大地隐秘的暴行

这种敌意暗示
她不愿意
继续作为生命的源泉。

而为什么这个假设
从没有讨论过？因为
它不在故事之中；它仅仅
创造了故事。

在悲伤中，在女儿死后，
那位母亲在大地上漫游。
她在准备她的事情；

像一个政治家

她回忆起每一件事，但

一件也不承认。

比如，女儿的

出生是无法忍受的，她的美

是无法忍受的：她回忆起这些。

她回忆起珀尔塞福涅

她的天真，她的娇弱——

当她寻找女儿之时，她在计划什么？

她正发出

一个警告，含意是：

你正在我的身体之外做什么？

你问你自己：

为什么母亲的身体是安全的？

答案是

这是个错误的问题，因为

女儿的身体

并不存在，除非

作为母亲身体的一部分

无论多大的代价

都要携带的一部分。

当一个神悲伤，这意味着

摧残其他人（像在战争中）

而同时又请求

将协议反过来（也像在战争中）：

如果宙斯把她带回来，

冬天就会结束。

冬天就会结束，春天就会回来。

和煦的微风

让我如此喜欢，白痴的黄色花朵——

春天就会回来，一个梦想

基于一个谬误：

死者归来。

珀尔塞福涅
习惯了死亡世界。如今一次又一次
她的母亲把她拖走——

你必定问你自己：
这些花朵是真的吗？如果

珀尔塞福涅"归来"，那就会有
其中一个原因：

要么她没有死，要么
她被用来支持一个虚构——

我想我能回想起
已死的情形。许多次，在冬天，
我接近宙斯。告诉我，我将向他质问，
我怎么还能活在大地上？

而他会说，
很快你就会再回到这里。
而过渡期间，

你会忘记一切：
那些冰的田野将是
极乐世界的草地。

村居生活

A Village Life，2009

范静哗 译

献给詹姆斯·朗根巴赫（James Longenbach）

暮色

他在表弟的磨坊做整天的工，
所以晚上回家后，总会坐在那扇窗前，
看一天中的这一段时光，这暮色。
真该有更多这样的时候，坐着、遐想。
用他表弟的话说：
活着——活着让你坐不下来。

窗子，并非世界，而是一方风景，
代表着世界。四季流转，
每个季节只呈现为一天之中的几个钟头。
先是绿色，接着是金色，然后是白色——
这样的抽象带来强烈的愉悦，
如餐桌上的无花果。

黄昏，太阳落下，成为火红的雾霭，落在两棵白
　杨之间。

在夏季太阳落得晚——有时候，人很难一直不睡。

然后一切都逐渐隐退。
世界，还有一阵子
可以看看，再之后就只能听听，
蛐蛐、知了。
有时还能闻闻，柠檬树、橘子树的清香。
然后，睡眠将味道也带走。

不过，放弃这一切也非难事，实验一下，
也就几个钟头而已。

我伸开五指——
让一切离去。

视觉的世界，语言，
叶子入夜的簌簌声，
高茎草与烧木头的味道。

我让一切离去，然后点一支蜡烛。

牧歌

太阳从山中升了上来。
有时会有山岚，
但太阳总隐在其后，
山岚抵挡不了。
太阳燃出一条路，
犹如心灵挫败愚鲁。
山岚消散后，草坪自现。

无人能真正领会
此地的野蛮，
这般毫无理由地杀戮，
只为练手免得荒废。

所以人们逃离——暂时一段时间，远离此地，
他们活力充沛，多的是机会，转身就有——

但大地的信号

不会传到太阳那里。面对

这一事实，你迷茫无措。

他们再回来时，境遇更糟。

自认已在城里失败，

却不是因为城市没有兑现承诺。

他们归咎于自己的教养：葬送了青春，他们就回

　　来了，

默不作声，就像他们的父辈。

夏季的星期天，倚靠在诊所的外墙上，

不停吸烟。要是想得起来，

他们也会摘几朵花带给女友——

那样会令女孩子开心。

他们认为这儿挺不错，可还是怀念城市，下午

都可用来逛街和闲谈，没钱时

你只能做这些事……

按我理解，要是留下来，会很宽裕；

那样，梦想也伤不到你。

黄昏时，你坐在窗前。无论住哪儿，

都能看到田野、河流、还有那些现实的事，
那些事你无法强迫自己去应付——

对我来说，这很安全。太阳东升；
山岚弥散，显露出
莽莽的群山。你可看到山峰，
那么白，虽然是夏季。而天空那么蓝，
点缀着小松树，
像标枪一般——

走累了，
就在草地上躺下。
再起来时，你能看出你刚才躺在哪儿，
原来顺滑的草，被压平，
显出一个身体的形状。过一会儿再回头看，
似乎你根本就没去过那儿。

下午过半，夏季过半。田野延绵无边，
安宁，美丽。
罂粟花开，
如黑色斑纹的蝴蝶。

支流

全村的路都在喷泉处交汇。
自由大道，合欢树大道——
喷泉在广场中央喷发，
星期天，小天使的尿中看得到彩虹。

夏天，成双成对的人坐在池边。
池水足以容纳很多倒影——
广场几乎空了，合欢树没长到这儿。
自由大道光秃秃的，毫无装饰；池水
没有挤满路上的图像。

那一对对情侣之间，穿插着带着小小孩的妈妈。
她们来这儿说说话，也许会
遇到个年轻男人，看看她们的美是否还残存一点
　余韵。
可低头一看，那一刻令人悲催：池水并不鼓舞人心。

丈夫们上班不在，但情种似的青年
总是空闲，这也是奇迹——
他们坐在喷泉边，撩起喷泉的水
泼洒心爱的人。

喷泉四周的铁桌子，分成几组。
你老了，就可以来这儿坐坐，
那儿感受不到喷泉的热烈影响。
喷泉属于年轻人，他们还想看水中的自己。
或者属于那些妈妈，她们需要让孩子分心。

天气好的时候，有几个老人在桌边转悠。
现在的生活很简单：前一天喝白兰地，改天喝咖
　　啡，加一支烟。
在成对的人看来，谁在生活的边缘，谁在中心，
　　一目了然。

孩子们哭叫，有时为玩具打架。
但水总在那儿，提醒妈妈们，她们要爱护孩子；
要是孩子掉进去，那就太可怕了。

妈妈们总是疲惫，孩子们总在打架，

丈夫们要么上班要么发火。年轻男人不来。

那成对的情侣像一帧图像，来自某个遥远的过去，

像一个回声，隐约地从山里传来。

他们独自在喷泉边，在一口黑井中。

他们已被希望的世界流放，

那是充满行动的世界，

但思想的世界还没有对他们敞开。

一旦敞开，一切都会改变。

黑暗涌来，广场空了。

秋天将第一批落叶扔在喷泉上。

路也不再来这儿相聚；

它们被喷泉送走，送回山里，送回它们的来处。

失信大道、失望大道、

合欢树大道、橄榄树大道，

在风中充满了银色树叶。

逝水年华大道，自由大道终止于石头，

不是抵达田野尽头，而是到了山脚。

正午

他们还没成人——更像男孩、女孩，真的；
学期结束了。夏季最好的部分，这才刚刚开始——
太阳灿烂，但还没热到毒辣。
自由还没变得无聊。

所以你可以花上整整一天，在草场上漫步。
草场无限延伸，村子越来越模糊——

太年轻的人，似乎处于一个奇怪的状态。
他们拥有的，人人都想要，可他们自己不要——
但他们还是想留着；这是他们能利用到的全部内容。

他们像这样自己待着，可以谈论的便是这些。
时间，对他们来说，并不会稍纵即逝。
就像看电影时胶片断了，他们还是留下来——
主要原因是，他们不想离开而已。等到胶片接上，

放映过的一段又插进来，

突然间，你又回到电影中很久之前的部分——

男主角还没遇到女主角。他还在厂里做工，

还没变坏。而她在码头附近转悠，已经变坏。

但她从未想要变成那样。她，也曾善良，可一切
  还是

变了，好像有个袋子罩住了她的头。

天，蓝得彻底，所以草很干燥。

随地而坐，也不会有什么不舒服。

他们坐着，想到什么便说什么——然后，野餐。

食物放在毯子上，所以始终挺干净。

一直都是这么做的；他们自带吸管。

其余的事——两个人怎么躺倒，在毯子上——

他们都知道那事，但还没准备好。

他们认识的人有的做过，当作某种游戏或尝试——

然后你说，不，时间不对，我想我还是继续做个
  小孩。

但你的身体不听。身体已经懂得一切，

它说，你不再是个小孩，你早就不是小孩了。

他们的想法是，避免变化。那简直是雪崩——
山上的石头纷纷滚下，站在山脚下的小孩会被直
　接埋没。

他们坐的是最佳场所，在白杨树下。
他们说着话——肯定有几个钟头了，因为太阳已
　换了位置。
聊到学校、他们都认识的人、
聊到长大成人、怎么知道自己的真正梦想。

他们过去常玩游戏，但现在不玩了——太多肢体
　接触。
现在，他们只在叠毯子时才碰到对方。

他们知道对方的内心。
所以就从不谈起。
做那事之前，有更多的事需要搞懂——
事实上，每件可能发生的事都得搞懂。那时之前，
他们就是看着，一直做小孩。

今天，安全起见，她一人叠毯子。
他，看着别处——假装陷入沉思而没顾上帮忙。

他们懂得人到了某个点就不再是孩子，而那个点
令人变得陌生。似乎孤独得难忍。

他们回到村里的家，暮色已苍茫。
完美的一天；他们说到了过去的这一天，
说到什么时候有机会再去野餐。

他们走进夏季的傍晚，
没有牵手，不过还是有什么都会告诉对方。

暴雨前

明天会有雨，可今晚天空晴朗，星光灿烂。

雨，还会降临，

也许多到淹没种籽。

海上有风，推涌云朵；

还没看到云，就已感到了风。

这时候最好看看田野，

看它们在洪涝之前的模样。

一轮满月。昨天，一只羊溜进了树林，

不是一只普通的羊——而是种羊，整个未来。

再见到他时，只会看到他的骨头。

草轻轻颤动；也许有风穿过其间。

橄榄的新叶也同样地颤动。

田野中有老鼠。狐狸猎食之处，

明天会看到草叶上留下血迹。

但暴雨——暴雨会洗刷一净。

一扇窗后，有个男孩坐着。
他被送去睡觉——而他
嫌太早。所以他就坐到窗前——

一切都已收拾妥当。
你现在人在哪里，就在哪里睡下，早晨就在哪里
    醒来。
大山挺立，如灯塔，提醒黑夜
地球常在，也不要忘掉自己。

大海上，起风之后，云随之涌现，
随之被吹散，风给予它们一种目的感。

明天，黎明不会到来。
天空不会回到白昼的天；它会依旧是黑夜，
只是星星会在暴雨到来前暗淡、消隐，
差不多有十个钟头。
但之前那样的世界再不会回来。

村里人家的灯，一盏接着一盏转暗，

借着反光，山峦在黑暗中熠熠生辉。

没有声音。只有猫在走廊上蹑足徘徊。
它们能闻得到风：该多产猫仔。
晚些时候，它们潜行街头，风的味道紧随其后。
田野里也是如此，混着血腥味，
而此时只有风在动；星星给田野披上一层银色。

离大海这么远，可我们还是知道这些信号。
夜晚是一本打开的书，
但夜晚之外的那个世界仍是个谜。

日落

那边，太阳正在沉落，
农工在这边焚烧落叶。

这火，算不得什么。
一件微不足道的事，控制有度，
就像一个家，由独断的人管着。

可是火烧旺了的时候，农工就会消失；
在路那边，看不见他。

与太阳相比，这儿所有的火
都很短命，业余得很——
叶子没了，它们就会结束。
然后，农工重新现身，耙起灰烬。

但死是实在的。

似乎太阳已经做完了它生来要做的事，

催生田野，然后

促发大地上的燃烧。

所以太阳现在可以落了。

咖啡馆里

对大地感觉厌倦，这也很自然。
若你死了这么久，你很可能连天堂也会厌倦。
你在一个地方能做什么，你做了便是，
而一段时间后，那地方耗竭了，
于是你渴望解救。

我那朋友太容易坠入爱河。
差不多一年换一个新女友——
就算她们带着孩子，他也不在意；
他可以连小孩一起爱着。

我们其他人酸溜溜的，而他我行我素，
满腔的冒险心，总有新的发现。
但他讨厌走动，所以女人们必须来自当地，或靠
　　近这里。

我们差不多每个月都会见面、喝咖啡。

夏季，沿着草场散步，有时走到山脚那儿。

即便在痛苦时，他也在努力，欣喜于自己的身体。

部分原因在于女人，当然，不仅仅在于这点。

他搬到她们的住所，学着喜欢她们所喜欢的电影。

不是做做姿态——而是真的学，

就像一个人去烹饪学校学习烹调。

他用她们的眼光看待一切，

但并不变成她们，而是成为她们未被性格缺陷

束缚时可能成为的样子。

对他来说，这个全新自我解放了自己——

她们的灵魂驻扎于一些基本需求中，而这些他不
　　仅吸取了，

而且他还将随之而来的仪式与偏爱，视为自己的
　　亲历——

他在与一个女人生活中，都将一个全新版本的自
　　己活到

极致，因为每个版本都不会因常人的羞耻与焦虑
　　而打折扣。

他离去时，女人们都痛不欲生。

她们终于遇到了一个男人，能回应她们的所有需

　　求——

对他，她们无话不说。

她们现在遇到他时，他就是个零蛋——

早先认识的那个人已不复存在。

他所以存在，就是因为被她们遇见，

而相遇结束，他走开，他便随之消失。

几年后，她们对他了无牵挂。

她们告诉新男友，那经历美妙无比，

那就像和另一个女人生活，没有怨恨、妒忌，

并且还有男人的力气、男人的清晰思路。

男人们宽容这一切，甚至还带着微笑。

他们抚摸着女人的头发——

男人们知道这样的男人不存在；这很难激起他们

　　的竞争意识。

不过，你无法希求比他更好的朋友、

更入微的观察者了。我们说话时，他很实诚、开明，

保持我们年轻时都有的热切。

他毫不掩饰地说起自己的恐惧，自己都嫌恶的品行。

但他宽厚——仅需静观就知道我心情如何。

我感到无奈或愤怒时，他会倾听几个小时，

不是勉为其难，而是真的兴致盎然。

我估计他就是这样和女人们相处。

但他从不离弃朋友——

和他们相处，他会努力站到自己的生活之外，以

　　便看得更清——

今天他想坐下；有很多话要说，

面对草地远远不够。他想要面对面，

对某个他认识很久的人说说。

他正要跨入新的生活。

眼睛发亮，不是对咖啡感兴趣。

虽说夕阳正西下，在他看来，

太阳又在升起，田野被朝霞映红，

粉红的玫瑰色，娇嫩。

这些时刻，他才是自己，而不是与他上床的女人们

残留的碎片。他进入她们的人生，就像你沉入一

个梦，

不带意志，他活在那里，就像你活在梦中，

只要还没结束。而到了早晨，你对于梦

全然没有记忆，全然没有。

广场上

两周来，他一直观察着同一个女孩，
是在广场上看到的。估计二十多岁，
在午后喝咖啡，那小巧的深褐色的头
勾着，看一本杂志。
他隔着广场观察，假装买东西，
买一包香烟，或者一束花。

她的魅力因为她不自知
而越发巨大，与他想象所暗含的需求融合起来。
他成了她的囚徒。她说的话由他授予，
她的嗓音契合他的想象，低沉而温软，
那声音有南方特征，正如黑发必然来自南方。

她很快就会认出他，然后开始期待见到他。
也许之后的每一天，她的头发都会洗得清清爽爽，
会凝望广场对面，然后才低头看书。

过了这一段，他们会变成情侣。

但他希望这一切不要立即成真，
因为现在她对他身体施展的魔力都能影响到他的
　情感；
而一旦她应允，力量便会失效——

她会退回情感专属的隐私世界，
恋爱的女人都会如此。她活在那里，变成一个
不留影子的人，不到现实世界现身；
这样说来，她便对他用处很小，
她是活是死，几乎都没什么关系。

黎明

一

孩子在黑暗的房间中醒来
哭叫着，偶要鸭鸭，偶要鸭鸭

他所用的语言大人一点也不懂——

没有鸭子。

而那只狗，那个白色长毛绒填饱的垫子——
就在他旁边的摇篮床里。

几年一转眼，转眼又是几年——岁月如梭。
一切都在梦中。可那只鸭子——
没人知道它的所终。

二

这是他们相遇之时，

此刻，他们共眠于敞开的窗前。

也许是要弄醒他们，要让他们确信

记忆中昨夜的一切都真实不虚，

因此阳光需要在此刻进入房间，

也是要向他们展示这一切发生时的情境：

袜子半压在肮脏的床垫下，

杯子上散落着绿叶——

阳光只将这几件

照得清晰可辨，而不管其它，

阳光为它们设定界限，坚决，但并不刚愎，

然后阳光稍加流连，

对每件东西细加描绘，

推敲挑剔，堪比作文训练，

甚至在床单上留下了血渍——

三

然后，他们在白天分开。
再之后，办公桌前，市场里，
经理对他上报的数据不满，
果仁除了最上一层都发了霉——

真可谓人可以从这世界隐退，
即便依然行动于其中——

就在你注意到霉斑时，你回家了。
换句话说，太晚了。

似乎是太阳令你有一阵子什么都看不到。

初雪

大地，像个孩子，要去睡了；
或者，故事是这么说的。

可我还不累，它说。
妈妈说：你可能不累，但我累了——

这一点你从她脸上就能看出来，人人都能。
所以，雪就该下，觉就该睡，
因为母亲已对她的生活厌倦到死，
需要寂静。

蚯蚓

凡有寿限的，都站在泥土表层，拒绝

入土：你对自己说，

这重重矛盾，造就了你，

你能看得深透，可是面对死亡，你

不愿挖掘得多深——要是你感到

怜悯令你撕裂，就说明你

没有幻想症：并非所有的怜悯

都是由高贵施舍给低微，有些

是从大地内部升起，坚毅

而无胁迫。我们可以一断两截，但你

要残就残在内核，你的灵魂

与你的情感分离——

压抑欺骗不了

我们这类生物：

一旦进入泥土，便不会恐惧泥土；

一旦你栖居于你的恐惧，

死亡也不过是织一张地道或暗沟的网，
就像海绵或蜂窝，这些都已成为
我们的一部分，你尽可自由探索。也许，
你们会在这些旅途中发现一种
你们理解不了的完整——正如男男女女，
你们从未能自在地
将精神留下的任何印记
刻录到身体里。

河边

那年，一个夏夜，母亲觉得到时候了，该对我讲讲
她称之为"欢爱"的事，虽然看得出
这么郑重其事令她有些不安，她还试图掩饰，
先是拉着我的手，就好像家里有人刚刚去世——
接着她开始讲话，手一直都没放开，
那口吻更像是在谈机械工程
而不是有关欢爱的事。她另一只手里
拿着一本书，显然，她从中引述了主要事实。
对其他人，我的两个哥哥和姐姐，她也说过同样
　　的话，
同样是那本书，同样的深蓝色，
虽然我们自己也各有一本。

封面上有一幅线条画，
一个男人与一个女人手拉着手，
但站得很开，就像走在一条土路的两边。

显然，她和父亲没有一种语言，可适用于他们俩
　　做的事，

他们做的那事，依我判断，并非欢爱。

同时，无论是什么将人与人维系在一起，

都比不上那些冷漠的黑白示意图，这其实暗示着

别的不谈，你只能和异性中的一员

进行欢爱，

那样你们就不是两个插座，而没有插头。

学校放假，不上课。

我躲进自己的房间，关上门，

母亲在厨房，

而父亲已在那儿给自己和他那不可见的客人倒酒，

可那客人竟然没现身。

不，那只是父亲与他的朋友——圣灵，

两人成欢，夜晚流逝，酒瓶逐渐空了，

之后，父亲继续坐在桌前，

面前有一本打开的书。

父亲蹑手蹑脚，不让圣灵难堪，

收拾起所有的杯具，

先是自己的，后是另一位的，来回几趟，每晚如此。

这时候，我已走出家门。

这是夏天。我的朋友们习惯去河边见面。

整件事似乎严肃得令人难堪，

实情是，除了对男生，我们对机械也许都不懂。

男生的前面有一把钥匙，只要想拿，就能拿在手里，

很多男生说那把钥匙他们已经用过。

虽说一旦某个男生说了这话，其他人就会跟着说，

因为谁都有哥哥姐姐。

我们坐在河边临水的地方，谈到父母总是泛泛而论，

谈起性爱则是特别有意。很多信息得以分享，

这个话题总是令人兴致盎然。

我给她们看了我那本《理想婚姻》，我们全都笑得
　　肚子抽筋。

有天晚上，一个男生带了一瓶酒，我们传着喝了
　　好一会儿。

那个夏季，我们越来越明白

我们中间肯定会发生什么，

我们也会因此改变。

我们这一组人，原先习惯这样见面，

回来会分散，就像蛋壳裂开，

小鸟才会爬出去。

当然，我们总是两只鸟儿一道，成对出去。

我们坐在临水的芦苇前，

扔小石子。石子碰到石子，

可以看到小星星一闪，小小的光

爆炸，闪过，没了。我逐渐喜欢上了一个男生，

不说话，只是看着。

我喜欢坐在他身后，研究他的后脖子。

过一会儿之后，我们会一道起来，趁黑

走回村庄。田野之上，天空清朗，

星辰满天，犹如在河水中，只不过它们是真正的
　　星星，

甚至死掉的星星也是真的。

但是河里的那些——

它们好像先有一个想法，然后突然爆炸出上千个
　　想法，

也许不真实，但更像生活。

回到家时，母亲睡着了，父亲还在桌边，

读他的书。我问了一句，你朋友走了吗？

他认真看了我一会儿，

说，你妈以前会和我一起喝上一杯，

在晚饭后。

走廊

一扇门开着，可以看到厨房——
总有令人垂涎的味道传出来，
但令他酥软的，是那地方的温暖感，
那屋子中央散发热流的炉子——

有些生活就是这样。
热流在中心，恒稳得没人会多想一下。
但他攥着的钥匙能打开另一扇门，
而门的另一边，温暖并不在等他。
他得自己制造——以自己与酒。

第一杯是自己人已到家。
能闻到烤肉，是红酒与橘皮混入小牛肉的味道。
妻子在卧室哼唱，哄孩子入睡。
他喝得很慢，妻子自己开门进来，手指在嘴唇上，
然后他让她热切地扑过来，拥抱自己。

在那之后，烤肉就会上来。

但之后的几杯令她离开现场。

她把孩子带走；整套屋子回到之前的状态。

他另外找到一个人——也不算是另一个人，

而是一个鄙视亲密的自己，似乎婚姻的隐私

就是一扇两人一道关起的门，

谁也不能单独出去，妻子不能，丈夫也不能；

于是那热流郁积在那儿，直到他们窒息，

仿佛他们是住在电话亭里一样——

然后，酒喝完了。他洗脸，在屋子里各处转悠。

正是夏季——生命在热流中腐烂。

有些夜晚，他仍会听到一个女人对着孩子哼唱；

有的夜晚，卧室门后，她那赤裸的身体并不存在。

疲倦

整个冬季他都在睡觉。
然后，他起来，刮脸——
似乎花了很长时间才变回人样，
镜中的脸长满黑色须发。

现在，大地就像一个女人，在等待他。
一股充盈的希望——将他们维系在一起，
他自己与这个女人。

现在他必须整天工作，证明他配拥有已有的一切。
一日过半：他便又累又渴。
但假若现在就甩手，他将一无所获。

汗水流遍后背与手臂，
犹如生命自他体内涌出，
什么都替补不了。

他干起活来，先像牲口，
接着像机器，没有一丝感觉。
但那联系绝不会断，
尽管大地在疯狂地反扑，在夏季的酷热中——

他蹲下，让泥土从手指间流过。

太阳下山，黑暗涌来。
现在，夏日已尽，大地坚硬，冷漠；
路边还有几堆散落的火在燃烧。

爱，已什么都不剩，
只有疏远与憎恨。

烧树叶

房子和谷仓不远处，
农工正在烧树叶。

树叶不会主动消失；
你必须把它们搂起来，
农工就这样每年把树叶搂成堆，
直到它们散发的烟味升入空中。

之后的一个钟头左右，那真的动了起来，
边烧边升，像活的东西。

烟消后，房子安全了。
一个妇女站在屋后，
将晾干的衣物叠起，放进柳条篮。

又一年就这么结束了，

死亡为生命腾出空间，

尽量地腾空，

但把房子烧了腾出的空间就太多。

日落时分。路对面，

农工在清扫冷灰。

不时有几片叶子逃逸，在风中飘浮，并无大碍。

然后，空气静止。

火堆处，只剩下石头围起的一块精光的泥地。

大地与黑暗之间，只有空无。

深夜散步

现在她年纪大了。
年轻人不再凑近她，
所以晚上都空着，
黄昏的街道曾经危险四伏，
现在已如草坪一样安全无虞。

到了午夜，小镇沉静。
月光从石头墙上反射出去；
人行道上，可以听到紧张的脚步声，
男人们匆匆回到妻母身边；这么晚，
门都已锁上，窗户都已乌黑。

他们走过，没人注意到她。
她就像草野上的一叶枯草。
因此她那从不离开地面的眼睛，
如今想看哪里都尽可随意。

厌倦了街道，所以就在天气好的时候
到小镇尽头之外的田野上散步。
夏日里，她有时远走到河边。

年轻人曾在那儿的不远处聚会，
但如今少雨，小河变浅，
河岸也被人遗弃——

过去总有人来野餐。
男生女生最终双双离去；
过不久，他们钻进树林，
里面总是黄昏——

树林这会儿空无一人——
赤裸的身体都已找到别的地方躲藏。
小河中的水，只够夜空将它变幻的
图案投映到灰岩上。月亮明媚，
众多石头中的一块。起风了，
河岸边的小树随之摇晃。

细看一个身体，就会看见一部历史。
一旦那身体不再可见，

它要讲述的故事也随之消失——

像这样的夜晚，她会一直走到那座桥，

然后，折回。

一切都还残留着夏日的味道。

她的身体又开始像她年轻时所拥有的身体，

在薄薄的夏裙下闪光。

阴影

大多数日子，是太阳把我唤醒。

甚至阴天的早晨光也很充足——

百叶窗的缝隙漏出细长的光，

早晨降临——我睁开眼睛。

每个早晨我都看到这地方多么脏、多么糟，

所以我上班从不迟到——这不是消磨时间的好地方，

太阳亮起来，积尘便看得更清楚。

白天上班，我就忘了这一切。

我只想着做工：把彩珠装进塑料瓶。

黄昏时回到家里，房间已暗影憧憧——

五斗橱的影子盖在光溜溜的地板上。

它在说：谁住这儿谁就注定翻不了身。

我处于这样的心情时，

就去酒吧，看电视转播的体育节目。

有时候和吧主聊聊。

他说，心情说明不了什么——

影子只能说明夜晚来了，并不是白天再不回来。

他叫我把五斗橱移个位置，我就会看到不同的影子，

也许会有不同的结论。

只有我和他两人时，他会关掉电视的声音。

运动员你冲我撞，

但我们只听到自己的声音。

要是没有球赛，他会挑一部电影。

做法还是一样——关掉声音，只有画面。

电影放完，我们对比记住了什么，看我们是否看
　出同样的故事。

有时，这种无聊东西花去我们几个钟头。

回家时已是深夜。你不止一次地看到那些房子多
　么破烂。

我脑子里回想那部电影：对自己说我走的也是那
　英雄的路。

黎明时，英雄奋不顾身地走出家门。

他出去后，镜头逐一扫过其他东西。

他回来后，镜头已经认识每件需要认识的东西，
它只需观察即可。

现在影子已经没了。
房间里很暗；夜里的空气很凉爽。
夏季，你可以闻到橘子的花香。
如果有风，一棵树就会花香弥漫——不需要有整
　座果园。

我做的也是英雄所做的，
他打开窗户。他与大地重逢。

捕猎者

暗夜——街道属于猫。

猫以及能找来猎杀的任何小生物——

猫，敏捷，犹如它们山中的祖先，

饥饿，亦如它们的祖先。

几乎看不到月亮。夜晚浸满凉意——

没有月亮将它照暖。夏季正在退场，

但目前还有不少可猎之物，

虽然老鼠很安静，像猫一样警觉。

闻一闻空气——静谧之夜，爱的夜晚。

每隔一会儿就会有一声尖叫

从下面的街上升起，

那儿有猫正把尖齿扎进老鼠的大腿。

老鼠一叫就意味着死亡。尖叫是一张示意图：

告诉猫到哪儿找到喉咙。在那之后，
尖叫便发自尸体。

在这样的夜晚相爱是幸运的，
即便赤身躺在床单上也还觉得暖和，
出汗，因为爱就是辛劳，无论人们怎么说。

死老鼠躺在街头，猫抛下了它们。
你不在街头，应该感到欣慰，
清洁工还没来把它们扫走。太阳升起时，
它应不会对看到的世界感到失望，
街道会迎来干干净净的一天，然后又是夜晚来临。

应该感到欣慰，当时你在床上；
那里，爱的叫声淹没了尸体的叫声。

一张纸条

今天我去看了医生——

医生说我要死了，

虽不是原话，但我这么说时，

她并没否认——

她的沉默说道：你是怎么作践身体的。

我们将身体给了你，你看你都做了些什么，

你就这么糟蹋它。

她说，我说的不仅仅是抽烟，

还有糟糕的饮食，酗酒。

她是个年轻女子；笔挺的白大褂遮盖了身材。

头发收紧，梳成细细的马尾小辫，

用一根深色发带压住。她在这儿并不自在。

桌子后，头的正上方挂着文凭，

她读着一栏一栏的数字，

有一些被标了出来，提醒她注意。

她的脊背也笔直，不流露一丝感情。

没人告诉过我要如何保养身体。

你被妈妈或奶奶照看着长大。

一旦离开了她们，妻子就会接管，而她很紧张，

不敢做得过分。所以我这身体，

医生责怪我自己——其实一直被女人监管，

而我能对你说的是，还有很多她们并没管到。

医生看着我——

一摞书和文件夹隔开我和她。

除了我们，诊所并无他人。

这里暗含一扇陷阱之门，穿过那道门，

就是死亡的国度。活着的人把你推进来，

他们要你先去，走在他们前头。

医生很清楚这一点。她有她的书，

我有我的香烟。终于，

她在一个长纸条上写了什么。

这对你的血压有帮助，她说。

我放进口袋，要走的意思。
一到外面，就撕了，好像那是通往另一个世界的
  门票。

她来这儿真是发了神经，
这地方她一个人也不熟。
她一个人；没戴婚戒。
一个人回家，回到村外的住处。
每天喝上一杯红酒，
吃那算不上晚餐的晚餐。

她脱掉那件白大褂：
白大褂与身体之间，
还有一层全棉的薄内衣。
到了某个时候，那一层也会褪下。

生出来，身体便与死亡定了约。
从那个时刻起，要做的一切都是欺诈——

你独自上床。也许是睡了，也许再不会醒来。

但是很长时间里，你听着每一种声音。

这个夜晚像每一个夏夜；黑暗一直没来。

蝙蝠

视觉分为两种：
看到东西，这属于
光学，相对的是
看到物外，这
源于缺失。人，嘲弄黑暗，拒绝接受
人所不知的任何世界：尽管黑暗
充满障碍，仍有可能产生
强烈的意识，哪怕视野较窄、
信号较少。黑夜孕育给我们的
思想，比你们的更加专心，虽然还很初级；
人太自我，受因于眼睛，
有一条小道你们看不见，在眼力之外，
哲人称之为
"否定之路"：为了给光让出位置，

神秘论者会闭上眼睛——他寻求的

启迪之光

将毁掉依赖物体的生灵。

烧树叶

火冲向清朗的天空，
急切、狂怒，犹如动物拼命要获得自由，
因天性所驱而发狂——

火烧成这样时，
落叶就不够了——
渴求，贪婪，

拒绝受束缚，拒绝接受界限——

火的周围有一堆石头。
石头之外，泥土赤裸，被耙得很干净——

落叶终于烧干净了，燃料没了，
最后的火苗先向上升，然后散开——

石头与灰色泥地形成同心圆环，
围住几点星火；
农工以靴子踩踏。

很难相信这样做可以奏效——
对这样的火应该不行，而最后的
那些火星仍然在抵制，还没结束，
它们相信自己会最终获得一切，

因为那些火星显然没被击败，
只不过是在潜伏或休憩，尽管无人知道
它们到底代表着生命还是死亡。

三月

天上，光留得很久，但那是冷光，
并没能缓解冬寒。

我邻居盯着窗外，
与狗说话。狗在花园里嗅，
试图对枯花有个决定。

一切都还嫌早。
每件东西都还是光秃秃的——
不过，今天与昨天已显出点不同。

我们能看到山：峰顶的冰被光照到就会闪亮。
但山顶侧面的雪化了，山岩裸露。

邻居唤着狗，发出的狗叫连狗也不信。
狗倒有礼貌，听到她叫还抬起头来，

不过它没动。所以她继续叫，

她的狗叫学得很失败，逐渐成了人的声音。

她一辈子都梦想住在海边，

可命运非但没把她带去那儿，

反而嘲笑她的梦想；

把她困死在这无人能逃走的山区。

太阳垂落到大地，大地丰饶。

每个冬季，岩石似乎从大地之下冒出来，

越冒越高，大地变成了岩石，冷硬，拒人于外。

她说，希望害死她父母，希望也害死她爷爷奶奶。

每到春天，希望随麦子升起，

在炎夏之后、酷寒之前死灭。

最终，他们告诉她，要住到海边，

似乎那样就会不同。

待春天将尽，她就会变得唠叨，但现在她只说两
    个词：

"绝无"和"仅有"，以表明生活欺骗了她。

夏天，绝无海鸥的欢叫，仅有蟋蟀和知了。
仅有野地的腐味，而她满心渴望着
大海的腥味，隐灭的味道。

太阳西沉，四野上方的粉红色天空
已带着灰色，而云朵的丝线有洋红也有枣红。

大地到处都发出窸窣的声响，不愿安静。
狗感到这种不宁，耳朵时不时一振。

它走来走去，隐约记起多年前
曾有这样的兴奋。发现的季节
刚刚开始。总是相同的发现，但对狗而言，
足以新奇、兴奋、绝无重复。

我对邻居说，我们失去记忆时
也会像狗一样。我问她是否见到过大海，
她说，见过一次，在电影里。
这故事太悲哀，没有一件事顺遂人意。

情人分离。大海锤击海岸，每道海浪留下的
印记都被紧随其后的海浪抹除。

绝无积累，一道浪绝不会借另一道浪
抬高自己，绝不许诺什么庇护——

大海不会变，而大地变化无穷；
大海不撒谎。
你问大海：你能许诺我什么，
它只会说实话：抹除。

那条狗终于进屋了。
我们看着月芽儿，
开始它很淡，而当夜色愈深，
它却越发清澈，
不久，天空将会显出早春之色，铺展
在坚韧的羊齿蕨与紫罗兰上方。

什么都不能靠被逼而活着。
大地现在就像一种毒药，就像远方传来的声音，
一个情人或主人。到终了，你只是听从那声音而
　　行动。
它说，忘了吧；你就忘了。
它说，重新开始吧；你就重新开始。

一个春夜

他们告诉她，她是从妈妈的一个洞里出来的，
可这实在令人无法相信，
这东西这么精巧怎么会出自
那么肥硕的东西——她妈妈赤裸时
就像一头猪。她更愿意相信，
孩子们告诉她这话，是笑话她无知；
他们以为什么话都可以对她说，
因为她并非来自人人都懂这些事的国度。

她希望这话题说完就算，再不提起。她想着就难受，
妈妈身体里竟然有一块空着，
还不时地漏出一个人，
起初遮遮掩掩，然后丢到这个世界，

一直对他们下药，激发他们的情感，
犹如她对床的情谊，这孤独感，这宁静，

感觉自己与众不同——

也许她妈妈仍然怀着这些情感。
这就可以解释妈妈为何看不出
她俩之间有那么大的不同，

因为在某个点上她们的确是同一个人——

她在镜中看到自己的脸，小小的鼻子
陷在肉里，同时也听到
孩子们的笑声，他们告诉她
那不是从脸上开始的，笨蛋，
而是从身体里开始的——

夜晚上床时，她尽量拉高被子，
拉到脖子——
她已认出这东西，这个自我，
开始珍惜它，
而现在，它将被裹在肉里，丢掉——

她感到她妈妈就是这样对她，有意让这事发生。
因为无论她要动心思做什么，

身体总是拒绝，

身体的自满与决绝，令她的心思无法显示，

没人能够看到——

她轻手轻脚地将床单移开。

那下面有她的身体，依然漂亮，犹如初生，

没有任何印记。在她看来，身体

依然等同于她的心思，那么一致，似乎

透明，几乎如此，

而她又一次

爱上了自己的身体，发誓要保护它。

收获

集市还满是秋天——

再买西红柿就不明智了。

从外面看，它们都挺好看，

有些浑圆、鲜红，难得有几个

奇形怪状、个性十足，就像脑袋罩着红油布——

而里面，已经坏了。黑，霉臭——

你不敢很放心地咬上一口。

偶尔，在变了色的西红柿中，会有一颗

仍然完好，变坏之前摘下的果实。

除了西红柿，谷物没人想要。

南瓜，很多很多。

葫芦，一串串干辣椒，一挂挂大蒜。

手巧的人将干花编成花环，

用五彩纱线捆住干熏衣草。

这几天，人们还会买这些东西，
似乎人们还相信农民们
会努力让一切回归正常：
藤子会重新结出豆荚，
尽管很娇嫩、脆弱，新生菜苗
也会破土而出，苗壮成长。

天，黑得越来越早。
雨也一场比一场沉，带着
落叶的重量。

此刻，黄昏，一股慑人的气氛，令人畏缩。
人们都能感到这一点；所以给这季节一个好名
　　字——
收获季，这就给事物贴上好看的面子。

葫芦在地上腐烂，多糖蓝葡萄已经下季。
也许还有一些根残留在地里，但地太硬，
不值得费力去挖。有什么用呢？
就为了站在集市的一把薄伞下，淋雨，吹风，
还等不到客人光顾？

接着就降霜了；没人再谈收获的事。

接着开始降雪；生命的伪饰也结束了。

大地白茫茫一片；月亮升起后，田野闪光。

我坐在卧室窗前，看着雪纷纷落下。

大地就像镜子：

宁静面对宁静，淡漠面对淡漠。

活下来的，活在地下。

死去的，不做挣扎地死去。

告解

他有时会偷一点，因为他们家没有果树，
而他又那么喜爱果子。也不算是偷窃——
他假装自己是动物；就地吃那些果子，
就像动物那样。他对牧师这样说：
吃那些掉在地上的果子，他觉得不该算作犯罪，
像往年一样，今年不吃也会烂。

作为一个人，一个生命体，牧师认同这男孩的话，
但作为牧师，他要责斥他，虽然补赎很轻，
以免扼杀他的想象：他应给予责罚，
这个年纪小小的男孩，他拿了不属于自己的东西。

但那孩子反对。他愿意补赎，
因为他喜欢这位牧师，但他就是不相信耶稣
把这棵无花果赐予了这个女人；他想知道，
耶稣从房地产赚了那么多钱，他是怎么用的，

他不仅在本村赚钱，还在整个国家赚钱。

男孩一半玩笑，但有一半认真，
牧师被搞得心烦——这孩子还真的不好对付，
他无法解释就算基督不做房地产，
那棵无花果仍然属于那女人，即使她从不采摘那
　　些果子。
也许有一天，经过这男孩的鼓励，
那女人会与陌生人分享无花果和大宅子，她会成
　　为一个圣人，
但眼下她还是一个俗人，房子是她祖先建造的。

牧师很高兴终于将话题岔开，不再谈钱，
谈钱令他紧张，他转而谈"家庭"或"传统"，
这些话题才令他感觉自在。男孩盯着他看——

男孩很清楚，如何占一个龙钟老太的便宜，
如何迷惑这位牧师，给他留下好印象。但他讨厌听
牧师又要开始的长篇大论；
他想发动自己的想象嘲弄一下牧师：假若他那么
　　喜欢家庭，
为什么不结婚，就像他父母一样，将他家的血脉

延续下去。

但他没说出来。话要是有意义，
就不该受到质问，不该论死理——刚才那些话确
有意义。
他只说：谢谢你，神父。

婚姻

他们又回到海边一个星期，

海水的声音映照一切。

蓝天盈窗，

但海浪拍岸带来唯一的声响——

愤怒。愤怒于什么。无论是什么，

肯定就是他掉头的原因。愤怒，虽说他从未对她

　动过手，

从未说过一句狠话，很可能没有。

所以要想找到答案，她得另想办法，

也许从大海中，或者从海上突然升起的

铅灰的云端。床单里有海水味，

太阳味、风味、宾馆味，清新中带着香甜，

因为床单每天都换。

他从不费口舌。口舌，在他看来，是用来安排事情，

做生意的。从不用来泄愤，从不用于柔情。

她抹抹他后背，把脸贴上去，
然而那就像把脸贴在墙上。

他们之间的沉默那么古老，它说，
这些是边界。

他没睡，甚至没有假装在睡。
他呼吸得并不匀称：吸气时有点不情愿；
他并不想答应自己要活着。
呼气时畅快得多，就像国王要放逐臣仆。

沉默的下面，大海的声音，
大海的狂暴四处铺展，还没结束，还没结束，
他的呼吸驾驭着海浪——

但她明白自己到底是谁，到底想要什么。
只要这些是真切的，自然的事就伤害不到她。

春

春天说来就来了：一夜间
梅树花开满枝，
大气温暖，鸟鸣处处。

犁过的泥土上，有人画了一幅太阳，
阳光缕缕，向四周照射，
因为背景是泥土，所以太阳是黑的。
没留签名。

可惜啊，一切很快都将消失：
鸟鸣、娇嫩的花。到最后，
甚至大地也会随那画家的名字不被想起。

不过，画家的立意

在于欢庆的气氛。

花开得那么美——生命弹性的寓意图。

鸟儿热切地接近。

无花果

我妈妈用酒腌制无花果——

用丁香水煮，有时加几粒胡椒籽。

黑色无花果，自家树上长的。

酒是红的，胡椒在糖浆里留下一股烟味。

我那时总觉得自己处身于另一国度。

在这之前，会做鸡。

秋季，有时会塞一些野蘑菇。

并不总是有时间那么做。

天气必须合适，要恰好在雨后。

有时就仅仅是鸡，里面放个柠檬。

她会开酒。不是什么特别的酒——

就是左邻右舍拿来的。

那酒令我怀念——现在买的，都没那么好的味道。

这些东西我也给丈夫做，

可他并不喜欢。

他想吃他妈妈做的饭菜，可我做不好。

我做得费力，就做得生气——

他是要我变一个人，一个根本不是我的人，

他觉得这很简单——

把鸡剁了，往锅里扔几个西红柿。

有蒜瓣的话，也扔点进去。

一个钟头后，就有天成的美味。

他认为学做饭就是我的事，不该

由他教我。我妈做过的饭菜，我无需学。

我写作业时，只是闻着那丁香味道，

我的手就能学会。

该我上阵时，我已上手。我真的会了。

我尝了第一口，孩提时代便再次浮现。

年少时，真不一样。

我丈夫和我——我们挺相爱的。我们一直想着的

就是爱抚彼此。

他回到家，就很累了。

一切都不容易——赚钱难，眼看着身体在变化
也难。年轻时，这些问题还能承受——
有些事会困难一阵子，但你有信心。
如果解决不了，你会做点别的事。

他最烦夏天——太阳会晒伤他。
没有仁慈，你能感到世界在变老。
草日渐干枯，园子满是野草和鼻涕虫。

曾经，这是我们最好的时光。
他下班回家后还有几钟头的光亮——
我们将它们变成几钟头的黑暗。
每件事都是一个大秘密——
甚至包括我们每夜都会谈到的事。

慢慢地，太阳会落下；
我们会看着城里的灯亮起来。
夜空满是星星，亮灿灿的——星星
在高楼上方闪烁。

有时我们会点上一支蜡烛，
但大多数夜晚不会。我们就是躺在黑暗中，

环抱着对方。

还会产生一种感觉，似乎你能控制灯光——
那感觉真是奇妙；你能让整个房间
再次明亮，或者你可以躺在夜空下，
听车来车往。

过一会儿，我们便会安静下来。夜，也安静了。
但我们没睡，不愿意放开意识。
我们允许黑夜载着我们前行；
我们就那么躺着，不干涉。一钟头又一钟头，
听着对方的呼吸，看着床那头的
窗户里灯光在变化——

无论那扇窗里发生什么，
我们都与它和谐与共。

跳舞

我们每年挂两次圣诞灯饰——
一次在圣诞节，为主的生辰，一次在八月末，
作为对收成的感恩——
在秋收将尽未尽之时；
每个人都会来看看，
甚至那些老得几乎不能走的人——

他们一定要看到彩灯，
夏季，当然也会有音乐——
音乐和跳舞。

对年轻人来说，这就是一切。
人生就在这儿开创——结束于星空之下的，
开始于广场的灯火。
女人们围聚在彩色布棚下，吞云吐雾，
今年流行什么，就跟着唱什么，

脸颊因太阳变成褐色，又因酒精变红。

这一切我历历在目——我和朋友们，音乐改变了
　　我们的性情，
而那些女人，我记得她们也那么豪放，胆小的
跟随着别人——

我们着了魔，更可说是一场病，
男男女女，完全靠偶然选中了彼此，随机随性，
而灯火闪烁，令人迷乱，
无论你那时做了什么，都会一直做——

那时，感觉这就是
一场游戏，真的——心情轻松，举止随意，
像烟雾般弥散，似女人乳沟间的香水，
因为闭着眼而更加浓烈。

这些事到底是怎么决定的？
靠闻，靠摸——男人接近女人，
请她跳舞，但那意思却是：
你愿意被我抚摸吗？而那女人可说的话
很多，可以说过会儿再来请我，也可说再邀请我

一次吧。

她也可以说不，然后转身走开，

就好像假如那天晚上除你以外谁都没来，

你还是差得远，假如她说了：好啊，我愿意跳

　　一个；

这就意味着：好的，我想要人抚摸。

独处

天很暗很暗；隔着雨，
看不见山。能听到的只是
雨声，生命被雨水赶到地下。
寒冷被雨水带来。
今夜将不会有月亮，也不会有星星。

入夜后起了风；
整个上午，风抽打麦子——
到中午才停。但暴雨接了上来，
先将燥裂的田野浸透，接着淹没它们——

大地消失了。
什么都不见了，只有雨
把光映在黑暗的窗户上。
这是休止之所，一切都一动不动——

现在我们回归到初始的我们，
生活在黑暗中的
动物，没有语言，没有视觉——

没有什么证明我活着。
只有雨，无尽的雨。

蚯蚓

做不了人并没什么可悲的，
完全生活在泥土中也不会卑贱
或空虚：心智的本性就是要
守护自己的显赫；正如那些
行走于表层者，恐惧幽深就是其本性——
一个人的位置决定其感受。然而，
行走于一物之上并不意味着慑服了它——
更可能相反，成了一种变相的依赖，
就像奴隶造就了主人。同样，
对于无法控制的事物，心智便会蔑视，
虽说它们会反过来摧毁心智。归来时
既无语言又无愿景，这并不痛苦：假若
像修佛者那样，抛开
自我的仓存，我们便会升入一个空间，

连心智也无法领会，那完全是身体的存在，
这并非比喻。你要用哪个字眼？"无限"，
其意味是，不可度量之界。

橄榄树

砖头建筑，夏天时，墙壁会热。
夏天结束后，墙还会暖和，
尤其是南墙——你能感到太阳还在，在砖头里，
似乎它本意就是要在墙上留下印记，而不是
上山时顺便掠过。每当小歇，我便来到这儿，
倚着墙，抽烟。

老板们并不在意——他们开玩笑说，要是生意做
　不下去，
干脆出租空墙。绝妙的笑话——每个人都会大笑。
但不得在这儿吃东西——以免引来老鼠寻找食物
　碎屑。

有些人并不在乎热不热，靠着温暖的墙，感到
后背上有个太阳。他们只想知道哪边的风景好。
对我而言，看到什么并不重要。我在那些山里长大，

也将埋在那里。中间这段时日，我不需要一直偷瞧。

妻子说，我一说到这些事，便出口刻薄。
她爱这个村镇——每天都想念她的母亲；
她也怀念青春——念兹在兹，我们如何相遇、相爱，
我们的孩子如何一个一个出生。她知道再不可能
　　回去，
但她一直向往着——

入夜，她躺在床上，双眼朦胧，谈到橄榄树，
那长长的银色叶子在阳光下闪耀；
树皮、树身，那么柔顺，浅灰的色泽就像它们身
　　后的岩石。

她记起当年摘橄榄，谁做出最好的盐卤。
她那时的手，我记得，有醋的味道。
橄榄很涩，告诫人们不要直接从树上摘下就吃。

这又令她想到，要是它们未经加工，真是没什么用。
要用盐卤腌制，放在太阳下——
我对她说，在我看来，自然的一切都是这样，没
　　用，生涩；

这就像个陷阱——你掉进去，是因为那些橄榄叶，
因为它们很美。

你是看着群山长大的，看着太阳落到山后。
橄榄树闪着光，起伏着。你意识到，假若你不能
　　很快走出去，
你就会死，似乎这种美正在扼紧你，令你无法呼
　　吸——

我对她说，我明白我们被困在这里了。但既然如此，
最好不是被太阳和山所困，而是因为一些好人，
他们甚至将学校餐厅重新装修一下。我抱怨这里，
我的声音有人听到——别人的声音也有人听到。
　　于是有争论，也有愤怒。
凡是人都会互相诉说，一如我妻子和我。
意见不一也会说话，哪怕其中一人只是装装样子。

在另一个人生，你的绝望直接化为沉默。
太阳消失在西山之后——
它再回来时，丝毫不提你受过的苦。
你的声音越发微弱。你不再着力，不仅对太阳如此，
对人也是一样。曾经令你快乐的小事

不再能够触动你。

我知道在这儿事事不易。那些园主，我也知道，
有时会撒谎。
但有些真话能毁掉一生；同样，有些谎话
宽厚、温情、令人惬意，就像砖头墙上的阳光。

所以你想到墙时，不会想到"监狱"。
更可能相反——你会想到你逃避了的一切，来到
　　这里。

然后，夜深了，我妻子懒得再想，她转过身去。
有几个深夜，她会流一点儿泪。
她唯一的武器就是实话——山很美，这是实话。
而橄榄树也真的像银的一样。

一个人接受了谎言，就会接受谎言撑起的一切，
因为它温暖，它令人感到片刻愉快——
而那个人，她不会去琢磨，无论多么爱他。

日出

每年这个时候，窗台花坛闻起来有山的味道，
栽种的百里香、迷迭香
挤在石头之间那窄窄的空间，
再向下，有真正的泥土，
它们和其他植物竞争，蓝莓、醋栗、
很招蜜蜂的小灌木——
我们吃的任何东西，都有山的味道，
虽然那时山里几乎空无一物。
或许空无一物就是那味道，百里香、迷迭香。

也许，那也是空无一物看起来的样子——
美，像那些山，岩石冒出树梢线，
围在岩石底部的香草沁人心脾，
低矮植物闪着晶莹的露珠——

爬上岩石等待黎明，是一件了不得的事，

看太阳从岩石后喷薄而出，眼中所见皆是太阳所见，

而你没看见的，便交给想象；

你极目远望，例如，凭眺大河，

其余的由心去完成——

就算错过了一天，总有另一天，

就算错过了一年，也没什么关系，

山，哪儿都不会去，

百里香、迷迭香会一再回来，

太阳会一再升起，灌木会一再结果——

路灯灭了：是黎明。

灯亮了：是黄昏。

无论明灭，没人抬头看。人人都只顾向前，

而处处弥漫着过去的味道，

百里香、迷迭香轻触你的衣服，

散发的味道有太多的幻觉——

我回去过，但并没留下。

我关心的人都已不在，

有的去世了，有的消失在某处，那些已不存在的

地方，

它们属于我们的梦想，因为我们在山顶时看到
　过——

我必须看看那里的田野是否依然闪亮，

太阳仍然撒着同样的谎，说这世界多么美好，

而对一个地方你只需要知道：人们是否在那儿居住。

假若他们乐于安居，你便知道一切。

那之间，山与天占去所有空间。

无论剩下什么，暂时都属于我们。

但这一切，迟早会被群山索回，交给动物。

也许月亮会将大海送到那儿，

我们曾经居住的地方会变成一条溪流或大河，环
　绕山脚，

回报太阳，以倒影恭维它——

夏天呈蓝色，下雪时呈白色。

温暖的一天

今天阳光普照，
所以邻居把睡衣睡裤拿到河边去洗——
回家时，每件衣物都叠好放进篮子，
她满面春风，犹如生命刚被延长了
十年。净洁感让她充满喜悦——
它宣布，你可以重新开始，
不必让过去的错误拖住手脚。

她是个好邻居——我们给彼此
留出私人空间。刚才，
她自顾自地哼唱，把湿衣服夹在绳上。

这样的日子会逐日
正常起来。但冬天毕竟难熬：
夜晚来得早，黎明昏暗，
下着总也不停的雨，令人心灰——这样连续几

个月，
然后就会下雪，似乎沉默从天上降落，
埋没了树木与花园。

今天，一切都赶超到我们前面。
鸟儿回来了，在种子上叽叽喳喳。
雪都已融化；果树新长了一层，毛茸茸的。
甚至已有几对男女在草地上散步，承诺着之前的
　　承诺。

我们站在阳光下，太阳便会治愈我们。
它从容不迫；悬挂在我们头顶，不动不移，
犹如一个演员喜形于色地面对欢迎。

邻居安静了一阵，
凝神看看远山，谛听鸟鸣。

那么多衣物，不知哪来的那么多。
我的邻居还在外面，
把它们固定到绳上，洗衣篮似乎永远也空不
　　了——
还是满满的，什么都没晾完，

虽然太阳已经向地平线移了一些；

想想看，现在还不是夏天，春天才刚刚开始；

春暖还没站住脚，春寒会随时回来——

她能感觉得到，似乎最后一点衣物在手中结了冰。

她看看自己的手——多么衰老啊。这不是开始，

   而是结束。

成人，现在都已死了。

只有孩子们留了下来，孤独地，越长越老。

烧树叶

死叶子很容易点着。
它们烧起来很快；几乎没用什么时间，
就从一种实物变成一种空无。

中午。天空清冷、蔚蓝；
火堆下，是灰褐色的泥土。

这一切去得真快，烟散得也快。
原先堆叶子的地方亮出一片
空白，似乎瞬间变得广阔无边。

路对面，一个男孩在盯着看。
他待了很久，看着叶子燃烧。
你能知道大地死了，也许就是通过这种方式——
它会点着。

十字路口

身体啊，想到我们不会再同行多久，我才
开始感到我对你产生了一种全新的柔情，很生涩、
　　陌生，
犹如我所能记得的年轻时的爱情——

那时的爱常常犯傻，傻在爱的目标，
而不是爱的选择、爱的浓烈。
有很多事要在事先要求，有很多事无法预先承
　　诺——

我的灵魂一直那么惶恐、狂暴：
原谅它的野蛮吧。
仿佛我的手便是灵魂，小心地抚过你，

不愿有一丝冒犯

而是要热切地终于将表达化实：

我不舍的不会是大地，
我不舍的将是你。

蝙蝠[1]

关于死亡，人们可能发现，

有权发言者都保持了沉默：

其他人强行出头，一路走进死胡同

或舞台中央——经验

总比理论更受欢迎，但很少是

真正的洞察，而笃信

也不是洞见的通常表现。抬头看着黑夜：

如果感官带来的纷扰是生命的本质，

那么你此刻看到的，似乎就是对死亡的模拟，

蝙蝠在黑暗中环飞——但人类对死亡

一无所知。如果我们如何行止便如何感受，

那么这就不是死亡的样子，而是生命的样子。

你也是盲目的。你也在黑暗中辗转。

---

[1] 这首诗献给埃伦·品斯基（Ellen Pinsky）。最后一行出自阿尔弗莱德·马格里斯（Alfred Margulies）博士 1988 年 3 月 5 日在马萨诸塞州专业心理学院宣读的一篇论文。——原注

一种可怕的孤独围绕着所有

面对寿限的生灵。正如马格里斯所说：死亡

吓得我们全都沉默。

丰饶

夏日黄昏吹起一阵凉风，吹动小麦。

麦子弯着身体，桃树的叶子

簌簌有声，吹进了前面的黑夜。

黑暗中，有一个男孩穿过田野：

他刚抚摸过女孩，是第一次，

所以回家时，他已是男人，带着男人的饥渴。

水果在慢慢地成熟——

一棵树上就有一篮又一篮，

因此每年都会烂掉一些，

有几个星期，成熟的果实太多：

而之前之后，几乎没有。

一排排麦子之间，

你可以看到老鼠，时隐时现，急匆匆

穿过大地，虽然麦子高耸在它们上方，
起伏，随着夏风的吹拂。

月亮圆了。一种奇怪的声音
从田里传来——也许是风。

但对老鼠来说，这一夜就像任何夏夜。
水果与谷物：丰饶的时节。
没有谁死去，没有谁忍饥挨饿。

除了麦子的呼呼声，别无声音。

仲夏

这样的晚上我们常在码头那儿游泳，

男孩们搞出几个游戏，要求他们扯下女孩的衣服，

而女孩们也配合，因为去年夏天以来，她们已有

  新的身体，

想展示给他们，而那几位勇敢的男生

从高高的岩石上跳下——水里挤满了身体。

夜晚湿热，安静。石头凉爽，湿滑，

这些大理石可以造墓园，造一些我们从未见过的

  建筑，

远在城里的建筑。

多云的夜晚，你就像瞎子。那些夜晚，石头很危险，

但换个角度，一切都很危险，我们追逐的就是危险。

夏季开了头，男孩女孩便开始成对离开，

但最终总有几个落单——他们有时放哨，

有时他们彼此配对，假装和别人一样离开，

可到了林中，他们又能做什么？没有人愿意是他
　　们那样。

但是他们还是会出现，似乎某个晚上运气会改变，

命运会不同，柳暗花明。

不过，开始时，结束时，我们所有人都在一起。

做完晚间的杂务，年幼的孩子都弄上了床，

我们就自由了。谁都没说，可我们知道哪些晚上
　　能见面，

哪些晚上见不了。夏季结束时，会有一两次，

我们能看出有个小宝宝就要来了，因为亲得太久
　　吻得太多。

对那两人来说，就太糟了，与形单影只一样糟糕。

游戏玩完了。我们坐在石头上抽烟，

担心那些未能到场的人。

然后，终于得穿过田野回家，

因为第二天总还有活儿要做。

第二天，我们又变成了孩子，清晨坐在门前的台
　　阶上，

啃着桃子。尽管如此，有一张嘴似乎是一种荣幸。
然后，去干活，也就是去田里帮忙。

有一个男生给一位老妇人干活，搭木头架子。
房子很老，也许是在大山造出来时候盖的。

然后，白天消逝。我们做着梦，等待夜幕降临。
站在前门，在黄昏时分，看着影子伸长。
而厨房里总有一个声音在抱怨热气，
就想热气消退。

后来，热气消退了，夜晚清明。
你想到过一会儿要见到的男孩或女孩。
你想到怎么走进树林，躺下，练习着
在水里学会的那些事情。
虽然有时候你看不到那时和你在一起的那个人，
那个人还是无法替代。

夏夜灿烂；田野里，萤火虫闪烁。
有些人读得懂这些，对他们而言，星星传递出
　　信息：
你将会离开你出生的村镇，

到了另一国度，你会非常富有、有权有势，但你
总会
因留在身后的东西而哀伤，尽管你说不出那是什么，
但终有一天，你会回来寻找。

脱粒

山后面的天还亮着，
而太阳已经落了——这光
就像太阳的影子，扫过大地。

之前，太阳很高时，
你不能看天，否则眼睛会瞎。
每天这时候，男人们都不干活。
他们躺在树荫下，等着，歇着；
贴身衣衫沾湿了汗水。

但树下很凉爽，
就像那壶传来传去的水。
头上，绿色遮阳棚挡着太阳。
没人说话，只有树叶在炎热中簌簌地响，
水声从一只手传到另一只手。

这一两个钟头是一天最好的时光。

没睡，没醒，也没醉，

女人们都不在附近，

因此，没有了女人的搅扰，

日子顿时很清静，安宁，而且宽阔。

男人们躺在布篷下，躲开热浪，

似乎活儿都已做完。

田野那一边，河水波澜不起，无声无息——

浮渣斑驳了水面。

男人们知道，这段时间何时结束。

保温壶放到一边，面包也会放到一边。

树叶的颜色深了一点，影子也变了。

太阳再次开始移动，带动男人，

不管他们想做的是什么。

田野之上，热浪已在减弱，但仍然酷烈。

农机停在原地，

耐心地，等着人回来。

天空还很亮，但黄昏就要来临。

麦子需要脱粒；还要好多钟头

才能把活干完。

然后，穿过田野回家，

打发夜晚。

那么多时光最好忘掉。

紧张，难以入睡，女人柔软的身体

总是越挪越近——

那林中的时间：那才是现实。

这只是梦。

村居生活

死亡与无定等着我，
也等着所有的人，阴影揣度着我，
因为它并不急于摧毁一个人，
悬疑
是需要保留的元素——

星期天，我帮邻居遛狗，
让她有空去教堂为她生病的妈妈祈祷。

狗在门廊里等我。无论冬夏，
我们都走相同的路，在清晨，断崖脚下。
有时狗儿走开点——有那么一小会儿，我
看不到树后面的它。对此，它颇为自豪，
时不时玩玩这个花招，然后不玩，
算是给我面子——

之后，我回到自己的住处，抱些柴火。

每次遛狗，我都能记住一些画面：
生长在路边的马薄荷；
早春，狗追赶小灰鼠，

因此有一阵子似乎可以不想
身体的坚持越来越弱，不去想
身体与无谓的辗转呈现怎样的比例，

也不想祈愿怎么都成了为死者的祈祷。

中午，教堂的钟声响过。光亮得过分：
而雾依然盖着草坪，所以你看不见
远处的山，被雪与冰覆盖。

当山再次出现在视野，我的邻居以为她的祈祷
得到了回应。这么多的光令她难以控制喜悦——
必须以语言释放。她大声喊，"哈喽"，似乎
那才是她最好的传译。

她信仰圣处女，正如我信仰大山，

虽说有一块雾从未消散。

但不同的人在不同的地方储存希望。

我做汤，给自己倒酒。

紧绷着，就像孩子进入青春期。

你很快就会被人决定你是什么人，

就一条，是男还是女。不再两者都是。

孩子总想：无论发生什么，我要有自己的说法。

但是孩子有什么说法都没法说。

我是孩子时，没预见到这一点。

后来，太阳落了，阴影凝聚，

矮灌木簌簌作响，好像动物刚好随夜色醒来。

屋内，只有炉火的光。慢慢地暗下去；

只剩下最厚实的木头

还闪着火光，从放乐器的架子中透过来。

有时我会听到有些乐器的音乐，

尽管它们锁在盒子里。

我还是一只鸟的时候，我相信自己将会变成人。

那是长笛。而圆号应和，

当我还是人的时候，我哭喊着要变成鸟。

然后音乐消失。它对我倾吐的秘密

也随之消失。

窗外，月亮悬挂在大地上方，

满是信息却毫无意义。

它是死的，一直就是死的，

但它假装自己是其他东西，它就像

星星一样燃烧，而且烧得令人信服，令你有时会
   觉得

它可能真会在大地上长出什么东西。

假如灵魂有形象，我想这就是了。

我穿过黑暗，好像这是再自然不过的事，

好像我已是黑暗的一分子。

平静地，安宁地，天就破晓了。

赶集日，我带着生菜，去集市。

附录：露易丝·格丽克早期诗选

柳向阳　译

头生子

Firstborn，1968

（选 2）

芝加哥列车

在我对面，整个行程

几乎没有晃动：隔着扶手，只有先生

他光秃秃的脑门，那个孩子

把脑袋挤进妈妈双腿间，睡着了。毒药

代替空气，主宰了一切。

他们坐着——似乎瘫痪在死亡之前

已把他们钉在那里。车轨向南转。

我看到她抖动的胯部……虱子深藏在那个婴儿的

　头发里。[1]

---

[1] 这首诗似乎是一次对孩子出生的滑稽模仿，或一尊笨拙的《圣母怜子像》……末行的省略号形成了移动中的平衡，在这一平衡中，家庭、出生，以及感性便与寄生状态联系了起来。格丽克在这里对寄生的联系，以及她在随笔或诗中对青少年时代厌食症的关注，清晰地显示了她对肉体的排斥……尤其明显的是说话人对母子亲密关系的迷恋……慢慢地滋长了一种隐秘的嫉妒。（Lee Upton. *The Muse of Abandonment: Origin, Identity, Mastery, in Five American Poets.* Bucknell University Press, 1998. 123—124）

棉口蛇之国

鱼骨在哈特拉斯[1]凌波而行。

还有其他迹象

表明死神在追逐我们，从水路，从陆路

追逐我们：在松林里

一条盘曲在苔藓上的棉口蛇，直挺，

耸立，在败坏的空气里。

出生，而非死亡，才是难以承受的损失。

我知道。我也曾在那儿留下一层皮。

---

[1] 哈特拉斯：美国北卡罗来纳州东海岸一处岛屿，附近风暴频频，有"大西洋坟墓"之称。

沼泽地上的房屋

The House on Marshland，1975

（选 15）

万圣节

甚至此刻，这片风景还在聚合。
山丘变暗。耕牛
在蓝色轭里沉睡，
田野
已收捡干净，禾束
捆扎整齐，码放在路边
委陵菜丛中，当月牙升起：

这是收获或瘟疫
带来的贫瘠。
妻子正从窗口里探出身，
伸着手，仿佛在偿付，
而种籽
清晰，金黄，呼唤着

到这儿来

到这儿来，小家伙

灵魂从树里缓缓爬出。

池塘

黑夜用翅膀笼罩着池塘。

带晕的月亮下，我依稀辨认出

你的面庞正游弋在米诺鱼和应和的

小星星中间。在夜色里

池塘的表面是金属的。

里面，你睁着双眼——它们包含了

一种我熟悉的记忆，仿佛

我们孩童时曾在一起，我们的小马驹

在山岗上吃草，它们一身灰色，

白斑纹。此刻，它们吃着草

旁边是死者，他们等待着

像身披坚固胸甲的孩童，

清醒而无助：

山岗遥远。它们耸立

比童年时更黑暗

你在想什么？那么安静地

躺在水边。那时你的样子让我

想抚摸你，但并没有，因为

仿佛另一世里，我们出自同一血统。

黑暗中的格莱特[1]

这是我们曾经渴望的世界。

所有想要我们死去的人

都已经死了。我听到女巫的叫喊

透过一片糖，在月光里

破碎：上帝的奖赏。

她的舌头枯萎，化作空气……

　　如今，远离了女人们的控制

和关于她们的记忆，在父亲的小屋里

我们入睡，再没有饥饿。

可为什么我总忘不了？

父亲把门闩上，把伤害

---

[1] 参见格林童话《汉赛尔和格莱特》。童话讲述机智的小兄妹汉赛尔与格莱特被亲父和继母抛弃在森林里，被巫婆抓住，格莱特把巫婆骗到窑房里烧死，兄妹俩得以逃出森林，回到家中（继母已死），和父亲一起过起了幸福生活。

挡在屋外，这样已经许多年。

没有谁还记得。甚至你，哥哥，
好多个夏日的午后，你看着我，似乎
你想要离开，
似乎那些事从没有发生过。
但我曾经为了救你而杀人。我看见手执武器的冷杉，
火光闪闪的窑房和它的尖顶——

好多个夜晚，我希望你抱着我，
你却不在那儿。
我现在孤单吗？许多密探
在寂静中咝咝作响，汉赛尔，
我们还在那儿，这是真的，真的，
那黑森林，那火光熊熊。

写给妈妈

当我们一起

在一个身体里，还好些。

三十年。月光

透过你眼睛的

绿色玻璃，

滤进我的骨头

当我们躺在

那张大床上，在黑暗里，

等着爸爸。

三十年。他合上

你的眼睑，用

两个吻。然后春天

到来，向我收回了

绝对的

关于未生儿的知识，

离开砖头门廊——

你站立在那儿，遮挡着

你的眼睛，但这是

夜里，月亮

驻扎在榉树上，

又圆又白，在

群星的小小锡点中间：

三十年。一片沼泽

绕着房屋生长。

一簇簇苔藓

在暗影后蔓延，借着

植物薄纱的颤抖而流动。[1]

---

[1] 格丽克在 1980 年接受安·道格拉斯（Ann Douglas）访谈时讲到，她在长岛住的地方是沼泽地，她曾花心思写作一首《沼泽地上的房屋》，但因始终不满意而未能完成，后来她将其中几行放在了《写给妈妈》一诗的结尾部分。因此，这首诗可以看作这本诗集的标题诗。

信使

你只能等待，它们会发现你。
野鹅在沼泽上空低低飞行，
在黑水里闪着微光。
它们发现你。

还有鹿——
它们多么美丽，
似乎它们的身体不曾妨碍它们。
缓缓经过阳光的青铜表盘，
它们移向开阔处。

为什么它们站得如此安静
如果不是在等待？
几乎一动不动，直到它们的笼子锈蚀，
灌木丛在风中颤动，
粗矮无叶。

你只能任其发生：

那叫喊——放开，放开——像月亮

挣脱了大地，升起

圆弓满满

直到它们到你面前

像死亡之物，担负着肉身，

而你在它们之上，受伤但主导。

繁花盛开的李树

春天，从繁花盛开的李树黑枝条上
画眉鸟发出它例行的
存活的消息。这般幸福从何而来
如邻家女儿随意哼唱
却恰恰入调？整个下午她坐在
李树的半荫里，当和风
以花朵漫浸她无瑕的膝，微绿的白
和洁白，不留标记，不像
那果实，将在夏天的烈风里
刻上松散的暗斑。

致秋天

——给基思·奥尔索斯[1]

清晨在荆棘中颤动；含苞的雪花莲上

露珠凝聚如娇小的处女，杜鹃灌丛

吐出最初的新叶。又是春天了。

柳树等待它的时机，海岸

粘着薄薄一层淡绿的绒毛，期待着

塑形。只有我

没有参与，因为

早已盛开过。我已不再年轻。这

有什么关系？夏天临近，等到漫长的

腐烂的秋日，我将开始写作

我中期的伟大诗篇。

---

[1] 基思·奥尔索斯（keith Althaus，1946—　　），美国当代诗人。

静物

爸爸用胳膊绕着特雷日。

她眯着眼。我的拇指

在嘴巴里：我的第五个秋天。

挨着紫叶山毛榉

小狗在树荫里打盹。

我们没有一个人不躲着他的眼睛。

隔着草坪，在大阳光里，妈妈

站在她的照相机后面。

诗

傍晚时分，正如现在，一个男人俯身
在写字桌前。
缓缓地他抬起头；一个女人
出现，捧着玫瑰。
她的脸庞向镜子表面漂浮，
点缀着玫瑰花梗的绿色轮辐。

这是痛苦的
一种形式：后来，这清晰的一页反复地
在窗口浮现，直到它的纹路显露出来
像词语最终被墨水充满。

而我应该去理解
是什么把他们结合在一起
或与暮色紧抱的灰色房屋结合在一起，

因为我必须进入他们的生活：

这是春天，那棵梨树

披着一层薄薄的、娇弱的白花。

上学的孩子们

孩子们背着小书包，一直向前去。
整个上午，母亲们都在辛苦地
采摘晚苹果，红的，黄的，
像另一种语言里的词语。

在另一边
是那些等在大课桌后面的人
准备接收这些奉献。

多么整齐啊——那些钉子
孩子们在上面挂着
他们蓝色或黄色的羊毛外套。

老师们将在沉默中教导他们，

母亲们将走遍果园，找一条出来的路，
被它们自身吸引，果树灰暗的枝条
结出如此少的弹药。

贞德

那是在旷野。树木安静，
一道光穿过树叶间，述说着
基督的大恩典：我听到了。
我的身体硬成了盔甲。

自从这些卫兵
把我交给黑暗，我一直向上帝祈祷，
此刻那声音回答说我必须
转化为火，那是上帝的意志，
并且已命我跪下
求神保佑我的国王，并感谢
敌人，我的命是欠他们的。

爱之诗

总有些东西要由痛苦制成。

你妈妈织毛线。

她织出各种色调的红围巾。

它们曾作为圣诞礼物，它们曾让你暖和

当她一次次结婚，一直带着你

在她身边。这是怎么成的，

当那些年里她收藏起那颗寡居的心

仿佛死者归来。

并不奇怪你是现在这个样子，

害怕血，你的女人们

像一面又一面砖墙。

在金牛星下

那时我们在河堤上，你渴望我
看到七姊妹星[1]。我能看到万物，
惟独看不到你希望的。

如今我愿遵从。天上没有一丝云；群星
显现，甚至那个不可见的姊妹。指给我往哪儿看吧，
似乎她们会待在她们所在之处。

在黑暗中给我指点吧。

---

[1] 七姊妹星（Pleiades，音译"普勒阿得斯"）：希腊神话中阿特拉斯的七个
女儿，被宙斯变为天上的星星；通常只能看到其中六颗，所以诗中第二节
提到"甚至那个不可见的姊妹"。

海棠

这些树在小山上

繁花盛开。

它们正承受着

孤独的大花朵，

海棠，

正如当初你到我这儿来

错误地

带着你从细枝条上

折下的

这些花。

雨过天晴。阳光

透过树叶移动。

但死亡

也有它的花朵，

被称作

传染，它是

红的或白的，是
海棠的颜色——
那时你站在那儿，
满手的花朵。
因为它们是礼物
我怎能不收下？

苹果树

你儿子贴着我

用他聪颖的小身子。

我站在他的婴儿床边

像在另一个梦里

你站在悬挂着

被咬过的苹果的树林里

伸出双臂。

我不曾移动

但我看到气流分岔

流入彩色窗格里——临到最后

我把他举到窗口，说

看看你刚做了什么

又大声地数削瘦的肋骨，

心脏在蓝色茎管上

仿佛从树林里

黑暗流出来：

在黑暗的房间里，你的儿子睡着了。
墙是绿的，墙
整洁而沉默。
我等着看他将怎样离开我。
在他的手上，地图已经显现
仿佛是你刻在那儿的，还有
那死寂的田野，那扎根河流的女人们。

下降的形象

Descending Figure，1980

（选 9）

溺死的孩子

你看，他们没有判断力。

所以他们溺水，是自然而然，

先是冰吞下他们

接着是整个冬天，他们的羊毛围巾

在他们后面漂浮，当他们下沉，

直到终于安静下来。

池塘托起他们，在它繁多的黑暗臂膀里。

但死亡必定会以别的方式光临，

如此接近开始。

仿佛他们一直是

失明而且无重。因此

余下的都被梦见了：那盏灯，

那块漂亮的白桌布，

他们的身体。

但他们仍然听见他们用过的名字

像诱惑一般在池塘上空滑过：

你们在等待什么

回家吧，回家吧，迷失

在水中，悲伤而持久。

花园 [1]

1. 对出生的恐惧

一个声音。然后是咝咝声和呼呼声：

房屋滑进它们的位置。

还有风

翻阅着动物的身体——

但我的身体不能满足于

健康——它为什么要被弹回

进入阳光的和弦？

---

[1]《花园》(*The Garden*) 曾作为一个小册子出版 (Antaeus Editions, 1976)，后收入诗集《下降的形象》。有评论认为《花园》是这本诗集中"最雄心勃勃的诗篇……一个压缩的奇迹，由复杂的隐喻构成的一个紧绷的寓言，让人想起圣经式创造和自我创造的神话。"(Elizabeth Dodd. *The Veiled Mirror and the Woman Poet: H.D., Louise Bogan, Elizabeth Bishop, and Louise Gluck*. Columbia: University of Missouri Press, 1992. 171—172)

又将是同样的。

这种恐惧，这种内向，

直到我被迫进入一片旷野，

甚至对最小的灌木——

它们挺出泥泞，拖曳着

根部扭曲的签名，

甚至对一棵郁金香，一棵红爪，

都没有免疫力。

于是那些丧失的，

一个又一个，

都是可承受的。

2. 花园

那花园赞美你。

为你，它涂染自己，用绿颜料，

用令人迷醉的玫瑰红，

所以你将和你爱的人们一起到这儿来。

还有柳树——

看它怎样形成了这些沉默的

绿帐篷。但仍然

有什么东西是你需要的，

你的身体这般柔软，充满活力，在石头的动物中间。

承认吧：像它们那样是可怕的，

超过了伤害。[1]

3. 对爱的恐惧

那身体躺在我旁边，像顺从的石头——

一旦它的双眼似乎就要睁开，

我们可能已经说出。

那时已是冬天。

白天，太阳升起，戴着火焰的头盔，

---

[1] 人的身体是不自足的，它各种各样的需要或渴望还将在下面反复出现。但这首诗最后一行减轻了对于死亡的恐惧，这里，石头动物的不死之完美，最终，并不让人妒嫉。（Elizabeth Dodd，172）

而夜晚也一样，反射在月亮里。

它的光自由地掠过我们身上，

似乎我们躺着

为了不留下影子，

只有雪地上这两处浅浅的凹陷。

而过去，一如既往，在我们面前伸展，

平静，复杂，无法穿透。

我们在那儿躺了多久？

当众神手挽手，披着羽毛的斗篷，

从我们为他们建造的山上

漫步走下。[1]

4. 起源

仿佛有个声音在说

---

[1] 这对恋人，不复是在春天的花园里，而是想象他们躺着、半埋在雪里，躲避着他们尘世的、有死的影子。当众神披着羽毛，从我们为他们建造的山上降临，他们就是下降的形象，也是对有死性之渴望和恐惧的一种"回答"。因此，也是对前面两部分的回应……（Elizabeth Dodd, 173）

你现在该睡觉了——

但没有人。天色

还没有暗下来，

虽然月亮在那儿，

已被大理石填满。

仿佛，在一个花朵繁密的花园里，

有个声音说过

它们多么呆板，这些黄金，

这般铿锵，这般往复不止

直到你闭上眼睛，

躺在它们中间，全是

摇曳的火苗：

但仍然你无法入睡，

可怜的身体，大地

仍然紧偎着你——[1]

---

[1] 这部分继续组诗对于《旧约·创世记》的影射，但整首诗中神是缺位的，
声音是怅惘的、失却的。（Elizabeth Dodd, 173）

5. 对埋葬的恐惧

在空荡荡的旷野，早晨，

身体等待着被认领。

灵魂坐在一旁，一块小石头上——

再没有什么来给它赋形。

想想身体的孤独吧。

当夜里在收割一空的田野里踱步，

只有它的影子四下里紧紧追随。

多么漫长的路途。

而远处摇曳的乡村灯光，当

扫瞄过田垄，已不再为它停留。

看起来多么遥远啊，

那木门，那面包和牛奶

像重物放在桌子上。[1]

---

[1]《对埋葬的恐惧》，这组诗的最后一首，是对《起源》最后几行的扩展。
身体，由大地获得生命，现在被想象成死后的状态……孤独是死亡状态，
而格丽克把孤独想象为身体和灵魂的活动。（Elizabeth Dodd, 174）

美术馆

长久以来冬眠的爱，正在显现自身：

那巨大的，被期待的众神

真地被囚禁，那些圆柱

端坐在草坪上，似乎完美

不是永恒而是静止不动——

这是喜剧，她想，

他们已经瘫痪。或者，像那般配的天鹅，

超然，环绕着池塘：如此激情地抑制

意味着占有。他们几乎不说话。

另一岸边，一个小男孩正把面包屑

扔到水里面。倒映的纪念碑

晃动，短暂地，被光线击中——

她再不可能纯洁地触摸他的胳膊。

他们必须放弃这些，开始

作为男性和女性，插入和疼痛。[1]

---

[1] 这一对由朋友变成的恋人，他们似乎已经瘫痪，不能说话，因为每个动作都有了新的分量。意识到生活是更有条理的，甚至在激情的时刻，从美学角度来说，就成了一个几乎是讽刺的主题，正如这首诗重复使用了《对爱的恐惧》中的核心修辞"众神"一样，如今是美术馆的女像柱，是"巨大的"而且"被期待的"，他们在圆柱后面的位置允许说话人说他们是"真地被囚禁"……这首诗倾向于友谊而非爱情，正如《对爱的恐惧》倾向于说出而非无言。(Alan Williamson. "Splendor and Mistrust", *On Louise Glück: Change What You See.* Ed. Joanne Feit Diehl. Ann Arbor: Michigan UP, 2005. 65)

圣母怜子像[1]

在绷得紧紧的

她皮肤的织物下，他的心

颤动。她倾听，

因为他没有父亲。

所以她知道

他想待在

她的身体里，远离

这个世界

和它的哭声，它的

喧嚣，

但人们已经

聚拢来，看到他

出生：他们挤进来

或是跪下，保持着敬拜的

---

[1] 圣母怜子是表现圣母玛利亚抱着耶稣尸体的基督教主题，以米开朗基罗
创作的纯白大理石雕像最为知名。

距离，像

被星光照耀的

画中人物：长久地

在黑暗的背景里闪亮。

下降的形象

1. 游荡者

黄昏时我走上街头。

太阳围着寒冷的羽毛，

低悬在铁样的天空。

如果我能给你写下

这种空虚——

沿着路边，一群群孩子

在枯叶里玩耍。

很久以前，这个时候，我的母亲站在

草坪的边缘，抱着我的小妹妹。

每个人都走了；我在黑暗的街道上

和我的另一个妹妹玩耍，

——死亡让她如此孤单。

一夜又一夜，我们看着掩映的门廊

充满一种黄金的磁性的光。

为什么从来没人喊她?

经常地我会让自己的名字从耳边滑过

虽然我渴望它的保护。[1]

2. 病孩子

——荷兰国家博物馆

一个幼儿

在病中，已经醒来。

正是冬天，安特卫普

午夜已过。木柜上空，

群星闪亮。

那个孩子

舒展，在母亲怀里。

母亲并没有睡；

她目不转睛

---

[1] 诗中说话人的孤独，"这种空虚"，不同于其死去的妹妹；说话人实际
上希望自己更充分地经历那种可怕的孤独……她站在薄暮里，躲开屋子
里"黄金的磁性的光"，也不接受来自她自己的名字的安慰。相反，她默
默地站着，仿佛她不是那个被爱着的、家人正喊她回家的女孩。（Elizabeth
Dodd, 179）

盯着明亮的博物馆。

春天时孩子会死去。

那么，抱着她

就是错误，错误——

就让她单独一人，

没有记忆，正如其他人醒来

满是恐怖，从他们脸上

刮去黑暗的油漆。

3. 给我妹妹

远远地我妹妹正在婴儿床里爬动。

死者是这样，

总是到最后才安静。

因为，无论他们在世上躺多久，

他们都不学说话

而是不安地顶着木栏，

那么小，树叶都能把他们挡住。

此刻，如果她有嗓门，

饥饿的哭叫就会开始了。

我应该到她旁边；

也许如果我唱得轻柔，

她的皮肤那么白，

她头上覆盖着黑色绒毛……

画像

一个孩子在画一幅人体的轮廓。
她画她能画的，但通体都是白的，
她知道那儿是什么，却没法填充起来。
在没有支撑的线条里面，她知道
缺少了生命；她切开了
一个与另一个背景。像一个孩子，
她向妈妈求助。

而你画了那颗心
抵抗她刚刚创造的空虚。

幸福

他和她躺在一张白色的床上。

这是早晨。我想

很快他们就会醒来。

床头柜上是一只花瓶

插着百合；阳光

积聚在他们的颈部。

我看到他向她转过身

似乎在念着她的名字

但静静地，深藏在她口中——

在窗棂边，

一声，两声，

一只鸟鸣叫。

那时她翻个身；她的身体

充满了他的气息。

我睁开眼睛；你正注视着我。

几乎在这个房间上空

太阳正在滑行。

看着你的脸，你说，

一边让自己离我更近些

来做一面镜子。

而你多么平静。那只燃烧的车轮

在我们上空轻轻驶过。

晨曲

今天，在海鸥的叫声之上

我听见你把我再次唤醒，看

那只鸟，它飞翔

在城市上空，如此奇特，

不想

停下，只想

大海蓝色的浩瀚无际——

此刻，它绕着郊区飞翔，

正午的光亮与它形成强烈反差：

我感到了它的渴望

如同你的手在我体内，

一声鸣叫

如此普通、不悦耳——

我们的

并无区别。它们起自

没有穷尽的

身体需要——

执着于复归的愿望：

灰白的黎明，我们还没有

为启程整理好行装。

哀歌[1]

1. 神谕

他们两人都安静。
女人满心悲伤，男人
枝蔓般进入她的身体。

但上帝正注视着。
他们感觉到他黄金的眼睛
在风景上投射出花朵。

---

[1] 组诗《哀歌》是诗集《下降的形象》的压台之作，包括四首短诗，借助于创世神话也即人类堕落神话的框架，来探索语言产生、身体变化和情感痛苦的体验，以及人与上帝之间、男人与女人之间、父母与孩子之间的关系。组诗"集中于人类的孤独，并发现神渴望得到理解；他通过厌弃人类来与自己的孤独战斗……男人和女人被孤单地留在大地上，彼此陌生，共同照顾孩子"（Elizabeth Dodd, 187）。稍具耐心地阅读应能发现这组诗中包含了许多有意味的、富于创造性的细节。

谁知道他想要什么？

他是神，一个庞然大物。

所以他们等待。而世界

充满了他的光辉，

似乎他渴望得到理解。

远处，在他所形成的虚无里，

他转向众天使。[1]

2. 夜曲

一片树林从大地上升起。

噢令人同情，如此需要

上帝狂暴的爱——

他们一起成为野兽。

他们躺在固定的

---

[1] 与上帝失和，被逐出自然状态，夏娃经历的心灵和爱欲之间的分裂，以及男人与女人被"分开"，所有这些都引向第一首诗中讨论的人类性爱的开始，尤其是第三首诗中讨论的初为人母。(Daniel Morris. *The Poetry of Louise Glück: A Thematic Introduction*. Columbia: University of Missouri Press, 2006. 74)

他所疏忽的幽暗里；

从山丘上，狼群到来，机械地

被驱向他们的人类的温暖，

他们的恐慌。

那时众天使看到

他怎样分开了他们：

男人，女人，和女人的身体。

在翻腾起伏的芦苇丛之上，树叶

发出银子的低缓的呜咽。[1]

3. 契约

出于恐惧，他们建造了栖居之所。

但一个孩子在他们之间成长

当他们熟睡，当他们

---

[1] 在第二首诗《夜曲》中，先前用黄金的眼睛观看亚当和夏娃的上帝，此
刻如此嫉妒人类的性爱和人类自身的繁殖，所以他"分开了他们：/男人，
女人，和女人的身体。"（Daniel Morris, 75）

试图养活自己。

他们把它放在一堆树叶上,
被抛弃的小身子
裹在一块干净的
兽皮里。映着黑色天空,
他们看到大量的光的证据。

有时它醒来。当它伸出手
他们明白自己已经是父亲和母亲,
没有谁比他们更权威。[1]

4. 净化

逐渐地,经过许多年,
绒毛从他们身上消失

---

[1] 格丽克诗中的这对原始夫妻……相互缔结契约,而不是与上帝缔结契约。
因此,格丽克的创世神话强调的是,在建造住所、抚育孩子和语言习得过程
中,是人的权威,(……)作为夏娃生育的后果,他们认识到了他们能够离
开上帝而生活的自由,和他们与自然状态的疏远。(Daniel Morris, 76)

直到他们站立在亮光里

彼此陌生。

一切再不同于从前。

他们双手颤抖，探寻

熟悉的一切。

他们也无法从那洁白肉体上

移开眼睛——

许多伤口在上面清晰地显现

像一面书页上的词语。

而从无意义的褐色和绿色里，最终

上帝升起——他巨大的身影

黯淡了他的孩子们沉睡的身体——

跃入天堂。

那一定是多么地美啊，

这尘世，当第一次

从天空中看到。[1]

---

[1] 在第四首中，格丽克专门把写作和母亲身份相联系，作为人类力量的
两种形式，此时，在夏娃生子之后，亚当和夏娃受伤的身体转换为文本。
（Daniel Morris, 74）

阿基里斯的胜利

The Triumph of Achilles，1985

（选 11）

山梅花

不是月亮，我告诉你。
而是这些花
照亮了庭院。

我痛恨它们。
我痛恨它们正如我痛恨性，
那男人的嘴
它堵住了我的嘴，那男人的身体
它让人瘫软——

那总是躲闪的叫喊，
那低低的，让人蒙羞的
结合的前提——

今夜，在我心里
我听着质问和萦绕不去的答案

融为一个声音，

它上升，上升，后来

破碎成许多旧的自我，

疲惫的相互对抗。你明白吗？

我们都被愚弄。

而山梅花的香味

从窗口飘入。

我怎能安宁？

我怎能满足

当这个世界上

仍然有那种香味？

变形记

1. 夜

死亡天使
在爸爸的床上方低飞。
只有妈妈看见了。她和爸爸
单独在那个房间。

她俯身在他上面，抚摸
他的手，他的前额。她是
如此习惯于当妈妈，
此刻她抚摩他的身体
一如抚摩其他孩子的身体，
最初轻柔地，后来
适应了痛苦。

什么都没有改变。

甚至肺上的斑点

也一直在那儿。

2. 变形记

在临死的亢奋中

爸爸已经认不出我。

像一个不吃不喝的孩子，

他对什么都不在意。

我坐在他床边上，

生命围绕着我们

像许许多多树桩。

曾经，刹那之间

我以为他

又在我面前活着；

然后他看着我

像一个盲人

直直地盯着太阳，因为

不管它曾经能对他做什么
都已经过去了。

然后，他涨红的脸
从这份契约上扭开。

3. 写给爸爸

我将没有你而活着
正如我曾经学习
没有妈妈而活着。
你以为我不记得那些？
我已用了整个生命去记忆。

如今，那么多孤独之后，
死亡也不能让我惊恐，
不论是你的，还是我的。
而那些词语，最后的时间，
对我也没有影响。我知道
爱极总是生悲。

只有一次，你的身体没有让我惊恐。

偶尔，我的手在你脸上游走

轻轻地，像一块抹布。

如今有什么能让我震惊？我感到

没有什么冷是不能解释的。

挨着你的脸颊，我的手

温暖，轻柔。

神话片断

当那位固执的神祇

带着他的礼物向我追来

我的恐惧使他心醉

所以他跑得更快

穿过湿草地，一如既往，

赞美我。我看到赞美声中的

囚禁；冒着他的琴声，

我祈求大海里的父亲

救救我。当

那位神祇到达时，我已消失，

永远地成了一棵树。读者啊，

同情阿波罗吧：在水边，

我逃脱了他，我呼唤了

我那不可见的父亲——由于

我在那位神祇的双臂中变得僵硬，

关于他那萦绕不去的爱

我的父亲不曾

从水中流露任何表示。[1]

[1] 这首诗讲的是太阳神阿波罗追求河神珀纽斯之女达佛涅的故事，结果是珀纽斯将女儿变成了一棵月桂树，阿波罗则发誓将她当作王冠戴在头上，装饰他的竖琴和箭袋，允诺她四季常青……海子的《十四行：王冠》前两节所写即是阿波罗的誓言。

阿基里斯的胜利[1]

在帕特罗克洛斯的故事里，

没有一个生还，甚至阿基里斯

虽然他几乎是个神。

帕特罗克洛斯与他相像；他们

披戴同一副铠甲。[2]

在这些友谊中，总是

一个服侍另一个，一个低于另一个：

等级

总是明显存在，虽然传说

并不可信——

---

[1] 阿基里斯：希腊神话中的英雄，是凡人珀琉斯和女神忒提斯的儿子（半神）。特洛伊战争中因女俘被阿伽门农夺去而拒不参战，在他的好友帕特罗克洛斯被特洛伊王子赫克托耳杀死后，阿基里斯重新参战，杀死赫克托耳；但也因此惹怒了阿波罗，被箭射中脚后跟（阿基里斯之踵）而死。

[2] 帕特罗克洛斯借用了阿基里斯的铠甲，"那套闪亮的铜甲"。参见《伊利亚特》第 16 卷。

他们的来源是生还者，

那个被抛弃者。

与这个损失相比

那些燃烧的希腊战船算得了什么？

在营帐里，阿基里斯

整个人儿都在悲痛

而众神看到

他已经是个死人，一具牺牲

因为会爱的那部分，

会死的那部分。

夏天

记得我们最初的幸福日子吧，

那时多么强壮，因激情而眩晕，

整天，然后整夜躺在那张窄床上，

吃在那儿，也睡在那儿：正是夏天，

似乎万物一瞬间

都已经成熟。那么热，我们什么都不盖。

有时风起；一树柳枝轻拂窗口。

但我们还是有些迷失，你不觉得吗？

床像一张筏；我感到我们在漂流

远离我们的天性，向着我们一无所见的地方。

先是太阳，然后月亮，以碎片的形式，

透过那棵柳树，闪耀。

每个人能看到的事物。

然后那些圆圈结束了。慢慢地，夜变冷；

低垂的柳叶

变黄，飘落。而在我们每个人心中

生起深深的孤独，虽然我们从不曾说起它，

说起遗憾的缺位。

我们又成了艺术家，我的丈夫。

我们能够继续旅程。

责备

你已经背叛了我，爱洛斯。
你已经给我送来了
我的真爱。

在一处高坡上，你制造了
他清晰的凝视；
我的心没有
你的箭矢那么硬。

一个诗人
怎么会没有梦想？
我躺着，醒着；我感到
实在的肉体在我上面，
想让我缄默——
外面，黑暗中
那些橄榄树上空，

几颗星星。

我想这是一个恶毒的侮辱：
说我更愿意
走过小径交织的花园，
走在河边，看河水
闪烁着一珠珠
水银。我喜欢
躺在河边湿草地上，
或是跑离，爱洛斯，
不是公开地，和别的男人，
而是秘密地，冷冷地——

整个一生
我都膜拜了错误的神。
当我观察
另一边的那些树，
我内心的箭矢
像它们中的一棵，
摇摆着，颤抖着。

高山

学生们期待地看着我。

我给他们讲解：艺术的生命

是一生无尽的劳作。他们的表情

几乎不变；关于无尽的劳作

他们需要多了解一点儿。

所以我给他们讲西西弗斯的故事，

他怎样被罚将一块石头

往山上推，而且知道

这种辛劳毫无结果，

但他将日复一日

永无尽头。我告诉他们

有快乐在其中，在艺术家的生命里，

即一个人逃脱了

判决。而当我讲话时

我自己正秘密地推着一块石头，

偷偷地沿着高山陡峭的一面

往上推。我为什么

对这些孩子撒谎？他们没有在听，

他们没有受骗，他们的手指

轻轻敲着木桌——

所以我收回

那个神话；我告诉他们

那发生在地狱，而艺术家撒谎

因为他着迷于抵达，

他把顶峰

当作他永久生活的那个地方，

一个将被他的负担

转化的地方：用尽每一口气，

我正站在这座山之巅。

我两手空空。而那块石头

已给这座山增加了高度。

一则寓言

那是一个英雄辈出的时代。

所以这个少年，虽然寂寂无名，

但从一片平原到另一片平原，开创基业，

他从山坡上冰冷、无名的岩石间捡起

一块小石头。这是愉快的一天。

在他脚下，平常的植被，几朵白花

像星星，毛茸茸的叶，灰绿色：

山沟里遍布死尸。

谁是敌人？谁丢下了

密密堆积的犹太人的身体

在这亘古未有的沉寂中？以污泥作掩饰，

分散的军队看到那个凶汉，歌利亚，[1]

---

[1] 参见《旧约·撒母耳记》上下篇。歌利亚是非利士族巨人，被少年大卫用石子打中而死。拔士巴原是赫梯人乌利亚的妻子，大卫王杀乌利亚，娶拔士巴；"但大卫所行的这事，耶和华甚不喜悦。"

像塔一般高耸在年幼的牧羊人上方。

他们闭上眼睛。整个地平线

成为一片海洋的破碎表面，如此混乱的

那个秋天。在一阵尘土里，大卫

抬起他的手：于是成就了他的，那寂静的，

完整的王国——

犹太男子汉，谋划英雄之旅

就是攀越一座高山：英雄到神，神到统治者。

在悬崖边，我们不想听到的一刻——

石头消失了；现在，

那只手就是武器。

在宫殿的屋顶上，大卫王的目光

穿过明亮的耶路撒冷城

看到拔士巴的面庞，他察觉到

自己膨胀的欲望。内心，他什么也没感觉到。

她像一朵花在一盆水中。在他头顶上空，

云朵飘移。他渐渐明白他已经获得了

他能够梦想到的一切。

鹰的影子

在路上拥抱着

是什么原因如今记不得了，

然后分开，当看到

前面那团影子——它有多近？

我们抬头，看到那只鹰

带着它的猎物盘旋；我望着它们

突然转向西山，它们

在地上投下一个影子，这个猎食者

统包一切的形状——

后来它们消失了。而我想：

一个影子。像我们刚才投下的，

当你抱着我。

传奇

我父亲的父亲

从迪路瓦来到纽约：

厄运一个接一个。

在匈牙利，一个学者，富人。

然后破产：一个移民

在寒冷的地下室里卷雪茄。

他像是约瑟在埃及。[1]

夜里，他走过城市；

港口的浪花

变成了他脸上的泪水。

为迪路瓦伤心的泪水——四十间房屋，

---

[1] 约瑟：《创世记》中的人物，雅各之子，被哥哥们卖往埃及为奴，后来为法老管理埃及全地，使埃及在大饥荒之前做足准备，并将家人接往埃及生活。

几头牛在茂盛的草地上吃草——

虽然伟大的灵魂据说是
一颗星，一只火炬，
但它更像是一颗钻石；
这个世界上再没有什么坚硬的东西
能够改变它。

不幸的人，你可曾停止感觉
这世界的壮丽——
它像巨大的重量，塑造了
我祖父的灵魂？

像悲伤的鸟儿，他的梦从工厂
飞到迪路瓦，衔在它们的喙里
正如湿地上一个男人能看到
他自己脚印的形状，
散乱的景象，零落的村庄；
正如他捆扎树叶，在他的灵魂里
重量也这样把关于迪路瓦的碎片
挤压成配得上苦役挑战的
原则，抽象概念：

在这样一个世界里，要藐视

特权，要热爱

理性和公正，总是

说真话——

这已经是

我们家人的拯救

因为说真话带来了

自由的幻觉。

马

那匹马给了你什么
我所不能给予你的？

我注视着你，当你独自一人，
当你骑着马到牛奶场后面的旷野，
双手埋在那匹母马的
黑暗鬃毛里。

那时我懂得了你的沉默后面隐藏着什么：
对我，对婚姻的蔑视，憎恨。但仍然，
你希望我抚摸你；你大声叫喊，
像新娘一样叫喊，但当我看着你，我看到
你身体里并没有婴儿。
那么，有什么？

什么也没有，我认为。只是急于

在我之前死去。

曾经在梦里，我注视着你骑马
在干涸的旷野上，然后
下马：你们两个一起走着；
黑暗中，你们没有影子。
但我感到有影子向我而来
因为，它们在夜里随处可去，
它们是自己的主人。

看着我。你认为我不理解吗？
如果没有脱离这种生活的途径，
那牲畜又有什么用？

阿勒山

Ararat，1990

（选 15）

登场歌[1]

从前，我受到伤害。

我学会了

生存，作为应对，

不接触

这个世界：我要告诉你

我想成为什么——

一个倾听的装置。

安静：不是迟钝。

一片木。一块石。

我为什么要疲于辩解，争论？

那些正在别的床上呼吸的人

几乎无法明白，因为

像任何一个梦

---

[1] 登场歌（parodos）：古希腊悲剧中歌队入场时唱的段子。

无法控制——

透过百叶窗，我观察

月亮在夜空里，阴晴圆缺——

我为一种使命而生：

去见证

那些伟大的秘密。

如今我已看过

生与死，我知道

对于黑暗的本性

这些是证据，

不是秘密——

幻想

我要告诉你件事情：每天
人都在死亡。而这只是个开头。
每天，在殡仪馆，都诞生新的寡妇，
新的孤儿。他们坐着，双手交叠，
试图对这新的生活拿定主意。

随后他们就在墓地了，他们中某些人
还是第一次。他们因哭声而感到心悸，
有时因没有哭声而心悸。有人探过身来，
告诉他们下一步要做什么，这可能是指
说上一言半语，有时
是往敞口的墓穴里抛些泥土。

结束以后，每个人都回到那座房子，
突然之间那儿挤满了客人。
寡妇坐在长沙发上，非常严肃，

所以人们排着队走到她身边，
有时握她的手，有时拥抱她一下。
她也找到点话说给每个人，
谢谢他们，谢谢他们来。

在她心里，她想要他们离开。
她想回到还在墓地的时候，
回到在病房，在医院的时候。她知道
这不可能。但这是她唯一的期盼：
祈愿时间倒流。哪怕只是一点点儿，
并不要远到刚刚结婚，初吻。

劳动节

父亲去世正好一年。

去年天热。葬礼上，人们谈论着天气。

这个九月怎么这么热啊。怎么不照季节啊。

今年，天冷。

只有我们，如今的一家人。

在花圃里，

青铜、黄铜的碎片。

前面远一点，我姐姐的女儿在骑小车

还是去年那样，

沿着边道上上下下。她想做的

是让时间过去。

而我们剩下的人

整个一生是一无所有。

今天，你是还缺一颗牙的金发少年；

明天，就是气喘吁吁的老人。

到一无所有，真正是，仅仅是

世上的一瞬间。

不是一句话，只是一口气，一个停顿。

寡妇

我妈正和姨妈打牌，

"猫和老鼠"[1]，一家人的娱乐，这种游戏

外婆教会了她的每个女儿。

仲夏：出门太热。

今天，姨妈领先；她抓到了好牌。

我妈落后，她一直无法集中精力。

这个夏天，她还没习惯睡她自己的床。

去年夏天她习惯了睡地板，

没这个麻烦。那时她刚学会睡在那儿

挨着我爸爸：

他奄奄一息；专门一张床。

姨妈寸步不让，并不顾及

---

[1] 原文为"刁难和怨恨"（Spite and Malice），是一种扑克游戏，又名"猫和老鼠"（Cat and Mouse）。

我妈的烦心事。

她们就是这么养大的：你用战斗表示尊敬。

宽容是羞辱对手。

每个玩家都是靠左手有一堆牌，手上五张牌。

这种天气还是待在家里好些，

待在凉快的地方好些。

这比其他游戏都好，也比单人游戏好。

外婆早有考虑；早替女儿们做好准备。

她们有牌；她们相互拥有。

她们就不需要更多同伴。

整个下午，游戏继续但太阳不动。

它只是一直火辣辣地直射，使青草变黄。

对我妈来说也一定是这样。

然后，突然地，某件事结束了。

姨妈处之已久；也许这就是为什么她打得更好。

她的牌突然就出完了：这也是你想要的，这是目

　标：最终，

一无所有的那个人赢了。

自白

要说我没有畏惧——

这不真实。

我害怕疾病，羞辱。

和任何人一样，我有我的梦。

但我已学会了隐藏它们，

保护自己

免得心满意足：所有的幸福

都会招惹命运三女神的怒火。

她们是姐妹，是野蛮人——

说到底，她们

只有妒忌，没有感情。

失去的爱

我妹妹花掉了在世上的整个一生。
她出生，死去。
其间，
没有一个机灵的表情，没有一句话。

她做了婴儿做的事，
她哭。但她不愿要人喂。
但仍然，妈妈抱着她，试图改变
最初的命运，然后是历史。

确实有什么改变了：当妹妹死去，
妈妈的心变得
很冷，很硬，
像一块极小的铁坠。

后来我觉得妹妹的身体

是一块磁铁。我能感到它吸着

妈妈的心进入大地，

这样它才会生长。

阿勒山 [1]

再没有比妹妹的墓地更凄凉的，

除非是表妹的墓地，它们挨在一起。

直到今天，我自己都无法

仔细看妈妈和姨妈，

虽然我越躲着不看

她们的痛苦，这越像

我们家族的命运：

每一家都向大地献出一个女孩。

到我这一代，我们推迟结婚，推迟要孩子。

当我们确实有了孩子，每家只有一个；

最主要的，我们的是儿子，不是女儿。

---

[1] 阿勒山（Mount Ararat，又译"亚拉腊山"）：据《创世记》第 8 章记载："水从地上渐退……七月十七日，方舟停在亚拉腊山上。"这里指阿勒山墓地。

我们从不讨论这事。

但埋葬一个成年人，总是一种解脱，

某个遥远的人，比如我父亲。

这是个标记：也许债务已最终偿还。

事实上，没人相信这事。

像大地自身，这里的每块石头

都奉献给犹太人的神——

他从一位母亲手中取走一个儿子

并不犹豫。

不可信的说话者

不要听我说；我的心已碎。
我看什么都不客观。

我了解自己；我已经学会像精神科医生那样倾听。
当我说得激情四溢，
那是我最不可信的时候。

真的很伤心：我一生都因为我的智慧，
我的语言能力，洞察力而受赞扬。
最终，它们都被浪费——

我从来看不到自己，
站在前面台阶上，牵着妹妹的手。
这就是为什么我无法解释
她手臂上、靠袖口处的伤痕。

在我自己头脑中，我是无形的：这就是为什么我
　　是危险的。
人们喜欢我这样看起来无私的人，
我们是跛子，说谎者；[1]
我们属于，为了真实，
应该被剔除的人。

当我安静，那才是真实显现之时。
一片晴空，云朵像白色织物。
下面，一座灰色房屋，杜鹃花
红色，亮粉色。

如果你想知道真实，你必须禁止自己
接近大女儿，把她挡住：
当一个生命被如此伤害
在它最深的运转中，
所有功能都被改变。

---

[1] 幼年的创伤没有使人变得高贵，而是使之畸形……这首诗把我们带到
一种克利特谎言悖论之中。（Paul Breslin. "Thanatos Turannos: The Poetry of
Louise Glück", *On Louise Glück: Change What You See*. 114）

这就是为什么我不可信。

因为心的创伤

也是头脑的创伤。

一则故事

两个女人

来到那位智慧国王的脚下

提出同一认领要求。

两个女人，

但只有一个婴儿。

国王知道

有一个人在撒谎。

他说的却是

就将这孩子

一劈两半吧；这样

就没有哪个

空手而回。他

拔剑——

那时，两个

女人中，有一个

断然放弃她的那份：

这就是

标记，教训。[1]

假定

你看到你妈妈

在两个女儿之间被撕扯：

你能做什么

来挽救她，除了

甘愿摧残

你自己——她就会知道

谁是那个有义的孩子，

谁是那个不忍心

劈开妈妈的孩子。

---

[1] 故事详见《旧约·列王纪上》第三章"所罗门审断疑案"。

生日

每年，生日那天，妈妈都收到十二枝玫瑰

来自一个从前的爱慕者。甚至他死后，玫瑰照样来：

像某些人留下了画和家具，

这个男人留下了花作为公报，

以他的方式述说妈妈的美

简直已闻名地下。

最初，这看起来怪异。

后来我们习惯了这样：每年十二月，家里突然

塞满了花。它们甚至渐渐设定了

礼仪、大方的一个标准——

过了十年，玫瑰停了。

但那时我一直想

死者能照料活着的人；

我没有意识到

这是异常；最主要的是
死者像我父亲。

妈妈并不介意，她不需要
来自我父亲的展示品。
她的生日来了又去；她过生日
就是坐在墓地。

她是在向他表示她理解，
她接受他的沉默。
他痛恨欺骗：她不想在他不能感觉时
要他制造爱的征兆。

圣徒

在我们家里，有两位圣徒，
姨妈和外婆。
但她们的生活并不相同。

外婆一生安静，甚至临终时。
她像一个人涉过静水；
由于某种原因
大海也不能让自己去伤害她。
当姨妈走上同样的路线，
波浪冲向她，打到她身上，
这就是命运三女神如何对待
一种真实本性的两个人。

外婆一生谨慎，守着传统：
这就是为什么她能躲过苦难。
姨妈什么也没有躲过；

每次大海退潮，某个她所爱的人就被带走。

但仍然，她不会经历
为恶的大海。对她而言，此即它之所是：
在触到陆地之处，它必定变成暴力。

雪

十二月底：我和爸爸
去纽约，去马戏团。
他驮着我
在他肩上，在寒风里：
白纸的碎片
在铁路枕木上飞舞。

爸爸喜欢
这样站着，驮着我
所以他看不见我。
我还记得
直直地盯着前面
盯着爸爸看到的世界；
我在学习

吸收它的空虚，

大片的雪花

绕着我们飞旋，并不落下。

终点的相似

我最后一次看父亲时，我们两人做了同样的事。

他正站在客厅门口，

等我挂断电话。

他也没有指着他的手表，

这表明他想交谈。

交谈对我们来说总是一成不变。

他说上几句。我回上几句。

就这么回事。

当时是八月底，很热，很潮。

隔壁，几个工人把新石子倒在车道上。

父亲和我避免单独在一起；

我们不知道怎么接上话，怎么随意聊天——

似乎那时也不可能

有别的可能性。

所以这很特别：当一个人死之将至，

他有了一个话题。

那必定是一大清早。街道上上下下

洒水车开始工作。园丁的货车

出现在街区另一端，

然后停下，泊车。

父亲想告诉我死之将至是怎么回事。

他告诉我他不难受。

他说他一直盼着疼痛，等着它，但它从没有来。

他所有的感觉，是一种虚弱。

我说我为他高兴，我想他运气会好的。

有几个丈夫正往他们的车里钻，准备去上班。

是我们不认识的，刚搬来的几家，

带小孩的家庭。

妻子们站在台阶上，叫喊或是打手势。

我们像往常一样地说再见，

没有拥抱，没有戏剧性。

当出租车过来，父母两人在前门里注视着，
他们手牵着手，妈妈像往常一样吹吻，
因为，如果有一只手空着她就害怕。
但出现了一个变化：父亲不只是站在那儿。
这一次，他挥了挥手。

那也是我的动作，在出租车门边。
像他一样，挥手，掩饰我手的颤抖。

镜像

今夜，我在黑暗的窗里看到自己

一如父亲的形象，他的一生

是这样度过：

对死亡冥思苦想，而排斥了

其他的感官问题，

所以最终，那个生命

容易放弃，既然

它什么都没包含：甚至

妈妈的嗓音都不能让他

改变或是转身

因为他相信

一旦你不能爱另一个人

你在这世界上就没有位置。

最初的记忆

很久以前，我受到伤害。我活着
就是为了替自己
向爸爸复仇，不是因为
他的过去——而是因为
我的过去：从一开始，
童年时，我就认为
所谓痛苦，就表示
我没有被人爱过。
这表示我还爱着。

文
景

社 科 新 知　文 艺 新 潮

Horizon

直到世界反映了灵魂最深层的需要

[美] 露易丝·格丽克 著

柳向阳　范静哗 译

出 品 人：姚映然

策　　划：管鹍鹏

责任编辑：陈欢欢

营销编辑：杨　朗　李　琬

封扉设计：周伟伟

出　　品：北京世纪文景文化传播有限责任公司

　　　　　（北京朝阳区东土城路8号林达大厦A座4A　100013）

出版发行：上海人民出版社

印　　刷：山东临沂新华印刷物流集团有限责任公司

制　　版：北京大观世纪文化传媒有限公司

开 本：850mm×1168mm　1/32

印 张：11.75　　字 数：172,000　　插页：2

2016年4月第1版　　2020年10月第4次印刷

定 价：65.00元

ISBN：978-7-208-13400-3/I·1454

图书在版编目（CIP）数据

　　直到世界反映了灵魂最深层的需要/（美）格丽克
（Glück，L.）著；柳向阳，范静哗译. —上海：上海
人民出版社，2015

　　书名原文: Averno

　　ISBN 978-7-208-13400-3

　　Ⅰ.① 直… Ⅱ.① 格… ② 柳… ③ 范… Ⅲ.① 诗集 -
美国 - 现代 Ⅳ.① I712.25

　　中国版本图书馆CIP数据核字（2015）第264178号

本书如有印装错误，请致电本社更换　010-52187586

The Firstborn, The House On Marshland,

Descending Figure, The Triumph Of Achilles, Ararat, Averno, A Village Life

Copyright © 1968, 1975, 1980, 1985, 1990, 2006, 2009 by Louise Glück

All rights reserved

Chinese Simplified translation copyright © 2016 by Horizon Media Co., Ltd.

A division of Shanghai Century Publishing Co., Ltd.

through the Wylie Agency (UK) Ltd.

ALL RIGHTS RESERVED